LA TENUE DE CAMPAGNE DE L'INFANTERIE

Comment l'améliorer ?

Piece

8°V

18242

DU MÊME AUTEUR

Tu seras soldat. — 21ᵉ édition. — Librairie Armand Colin.

Sac au dos. — Études comparées de la tenue de campagne des armées française et étrangères. — Librairie Hachette.

Devoirs d'Officier. — (Couronné par l'Académie française. Prix Montyon). — Librairie Fournier.

Colonel LAVISSE

LA TENUE DE CAMPAGNE

DE

L'INFANTERIE

Comment l'améliorer ?

Huit planches de photographies hors texte.

PARIS

LIBRAIRIE CHAPELOT

MARC IMHAUS & RENÉ CHAPELOT ÉDITEURS

3o, Rue Dauphine, VI* (Même Maison à Nancy)

1913

LA TENUE DE CAMPAGNE DE L'INFANTERIE

Comment l'améliorer ?

On a beaucoup écrit, beaucoup parlé depuis quelques années sur la tenue de campagne de notre infanterie, on a fait des expériences nombreuses et retentissantes, mais de résultats acquis, il y en a très peu; nous en sommes toujours à la période des études et des projets.

Il faut que la question soit difficile à résoudre pour que tant d'efforts n'aient point encore abouti à une solution; oui, certes, elle est complexe et ardue, mais il semble cependant qu'on serait arrivé à mieux en employant une autre méthode. On a entrepris du premier coup de grosses réformes, très justifiées sans doute, mais dont la réalisation demandait des années et des années; n'eût-il pas été plus sage de chercher d'abord à parer au plus pressé et pour cela, tout en envisageant leur ensemble, de classer les réformes par ordre d'importance et de les réaliser une à une en commençant par les plus urgentes.

D'autre part, il convient de ne pas perdre de vue que nos approvisionnements contiennent des effets neufs en très grande quantité, des havresacs par centaines de mille, de quoi en fournir l'armée pendant plus de cinquante ans; nous ne pouvons pas en faire le sacrifice avant d'avoir tenté par tous les moyens de les améliorer et de les approprier aux nécessités de la guerre moderne.

C'est pourquoi je croirais volontiers que l'on aurait

chance de trouver une solution prompte et rationnelle à la question si grave de la tenue de campagne en appliquant simultanément ces deux principes : transformation de l'existant et échelonnement des réformes par ordre d'importance.

*
* *

Par où commencer? Par le havresac. Le havresac joue un rôle important dans la vie du fantassin.

On se rappelle le dessin spirituel d'Albert Guillaume : Un caporal fait à ses soldats une théorie sur l'orientation; il vient d'expliquer les quatre points cardinaux et, sa démonstration terminée, il passe à l'interrogation : — « Dupont, vous avez devant vous le nord, qu'est-ce que vous avez derrière vous? » — « Mon sac, répond le soldat ».

C'est qu'en effet derrière lui, avant tout, il y a cette affaire pesante qui l'étreint et le cramponne, son tourment perpétuel qui lui fait oublier le reste; il y a son sac.

C'est donc à rendre ce fardeau plus supportable qu'il fallait s'ingénier tout d'abord.

Son ensemble, contenant et contenu, représentait jusqu'à ces dernières années un poids de 10 kilogrammes environ; on l'a diminué récemment de 2 kilogrammes en en retirant la veste et deux jours de vivres de réserve pour les placer sur une voiture qui, théoriquement, en campagne, doit suivre chaque compagnie d'infanterie. Cette mesure a l'avantage indiscutable de procurer un allégement de 2 kilogrammes. mais elle présente, par contre, des inconvénients dont nous verrons plus loin l'importance.

Ne pourrait-on pas diminuer le poids du chargement du havresac par d'autres moyens; par exemple en remplaçant les ustensiles de campement collectifs, la marmite et la grande gamelle, cette grosse ferblanterie reluisante, lourde

Fig. 1. — Fantassin allemand en tenue de campagne.

FIG. 2. — FANTASSIN FRANÇAIS EN TENUE DE CAMPAGNE.

et incommode, par la marmite individuelle en aluminium, dont l'adoption entraînerait de plus la suppression
de la petite gamelle individuelle?

Voilà, à mon avis, le premier effort à faire, la première
réforme à accomplir dont les conséquences seront bien-
faisantes, multiples et considérables; je vais essayer de le
démontrer.

*
* *

Comparons (fig. 2 et 1) la tenue de campagne de notre
fantassin avec celle du fantassin allemand, son voisin;
point n'est besoin d'être grand clerc en la matière pour
remarquer immédiatement que le paquetage extérieur du
havresac de notre soldat est *plus volumineux* et par suite
plus lourd, *plus visible* et *plus compliqué* que celui de
son vis-à-vis.

Tout le mal provient de nos ustensiles de cuisine qui
sont énormes; l'armée française possède les ustensiles les
plus *volumineux*; il suffira pour s'en rendre compte de
jeter les yeux sur le tableau comparatif (fig. 3), qui est
la reproduction photographique des ustensiles en usage
dans les principales armées.

Il est parlant ce tableau; si on le regarde avec un peu
d'attention, l'on voit que nous sommes les seuls à possé-
der encore des ustensiles de grande dimension, tandis
que les autres armées, *toutes les autres armées*, ont adopté
des ustensiles légers et pratiques; auprès de ceux-là les
nôtres semblent appartenir à un autre âge ou destinés à
quelques soldats géants.

L'armée française possède aussi les ustensiles *les plus
lourds*. Ayant eu à ma disposition les ustensiles de différentes armées, je les ai pesés afin de me rendre compte
du poids qu'ils représentent pour une compagnie de 250
hommes. Les résultats de ces pesées sont suggestifs; les
voici :

Puissances	Ustensiles en service	Métal	Contenance	Poids	Poids total pour une compagnie de 250 hommes
			Litres	Kilog.	Kilog.
Russie............	Marmite individuelle ...	Aluminium	1,60	0,260	65,000
Norvège........	Marmite pour deux....	Aluminium	2,80	0,685	85,625
Belgique	Marmite individuelle ...	Aluminium	2,50	0,410	102,500
Etats-Unis.....	Poêle individuelle	Tôle d'acier	»	0,426	106,500
Allemagne.....	Marmite individuelle ...	Aluminium	2,60	0,459	114,750
Danemark	Marmite individuelle....	Aluminium	1,90	0,490	122,500
Pays-Bas	Marmite individuelle ...	Tôle d'acier	1,50	0,500	125,000
Suède.........	Marmite individuelle ...	Aluminium	2,00	0,550	137,500
Espagne....,,,	Marmite individuelle ...	Tôle d'acier	1,50	0,585	146,250
Suisse	Marmite individuelle ...	Aluminium	2,00	0,600	150,000
Angleterre.....	Marmite individuelle ...	Tôle d'acier	1,20	0,633	158,450
Autriche	Marmite pour deux....	Tôle d'acier	2,90	1,092	160,650
	Bidon pour huit,......	Tôle d'acier	3,10	0,805	
France........	Gamelle individuelle ...	Tôle d'acier	1,00	0,400	212,000
	Marmite pour quatre...	Tôle d'acier	6,00	1,225	
	Gamelle pour huit....,	Tôle d'acier	5,00	1,050	

Ainsi, chez nous, une compagnie de 250 hommes porte 212 kilogrammes d'ustensiles de cuisine, alors qu'une compagnie allemande de même effectif n'en porte que 114 kg. 750, soit 97 kg. 250 en moins.

Si, à notre tour, nous remplacions nos ustensiles collectifs et notre petite gamelle par un ustensile individuel, sous la forme d'une marmite en aluminium d'une capacité de 3 litres, qui pèserait 450 grammes, nos compagnies ne porteraient plus que 112 kilogrammes au lieu de 212; elles se trouveraient soulagées de 100 kilogrammes; c'est quelque chose.

Ce remplacement, pourquoi ne pas l'effectuer[1]; il est

---

[1] Bases générales de l'Instruction (4 Juin 1910) page 57.
Description du havresac modèle 1893 transformé.

PAQUETAGE EXTÉRIEUR

Sont portés à l'extérieur :
1° La marmite individuelle de 3 litres en aluminium.

USTENSILES DE CAMPEMENT

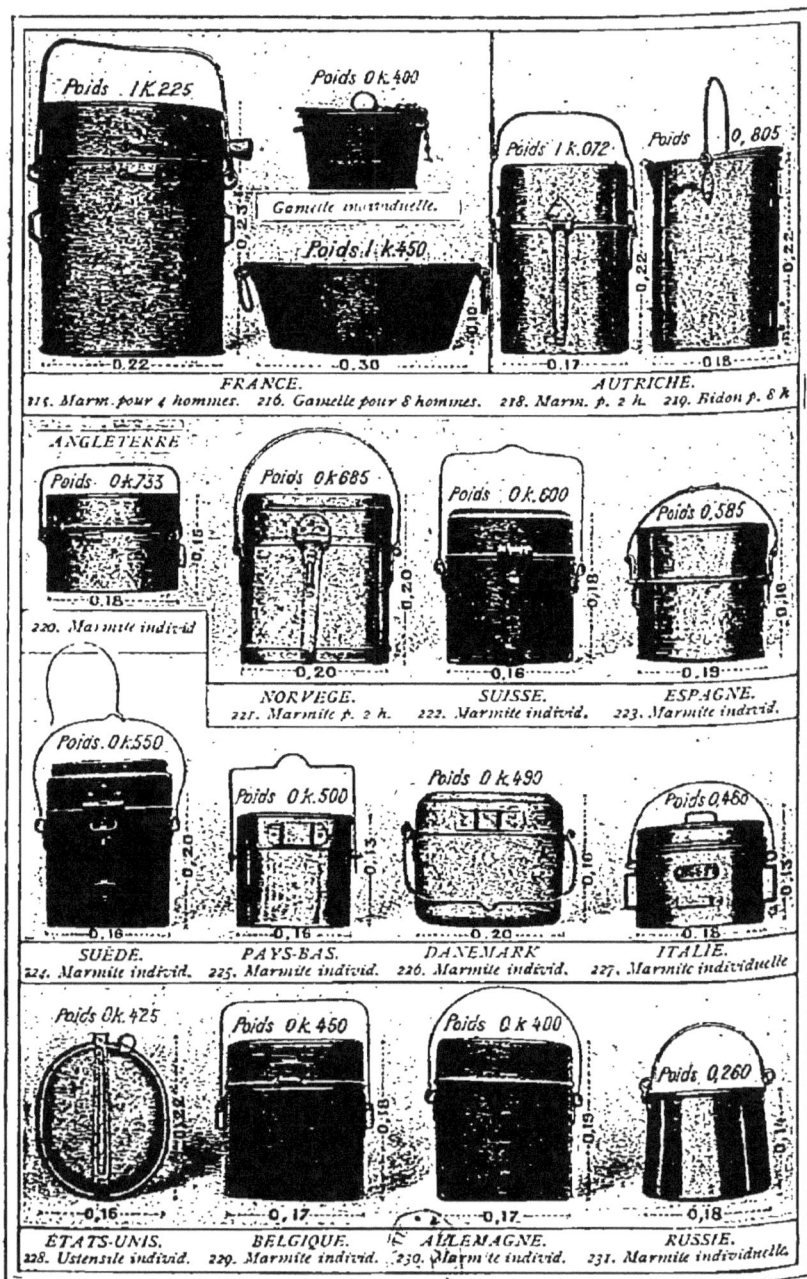

FIG. 3. — USTENSILES DE CAMPEMENT ACTUELLEMENT EN SERVICE DANS LES ARMÉES EUROPÉENNES.

FIG. 4. — ASPECT QUE PRÉSENTERAIT NOTRE FANTASSIN EN TENUE DE CAMPAGNE SI L'ON REMPLAÇAIT LES USTENSILES COLLECTIFS PAR DES USTENSILES INDIVIDUELS.

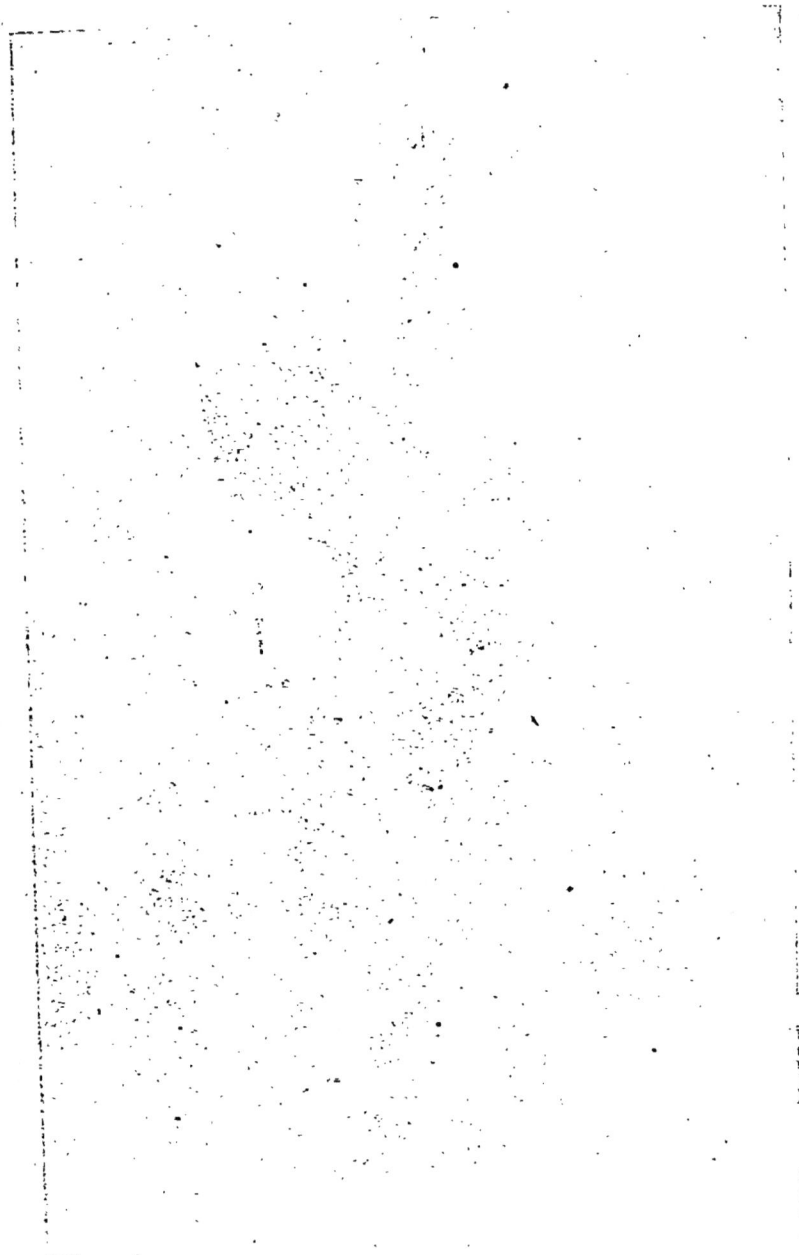

d'ailleurs si bien réalisable qu'il a été réalisé, mais seulement en principe, sur le papier; en effet, dans la description officielle de la tenue de campagne, la marmite individuelle en aluminium remplace l'ustensile collectif.

D'où vient donc que la substitution ne se soit pas opérée réellement?

C'est qu'il y a lutte engagée depuis longtemps entre l'ustensile collectif et l'ustensile individuel d'une part, entre le pot de fer et le pot d'aluminium, d'autre part.

*
* *

En effet, l'idée de substituer l'ustensile individuel à l'ustensile collectif n'est pas neuve; M. de Freycinet, alors qu'il était ministre de la Guerre, l'avait approuvée; il la réalisa même par la mise en service, à titre d'essai, d'un ustensile individuel, connu sous le nom de nécessaire *Boutéon*. A l'expérience, le nécessaire ne se comporta pas très bien par suite de défauts de fabrication; les expérimentateurs proposèrent de le rejeter purement et simplement. M. de Freycinet protesta en disant : L'ustensile est mauvais, mais le principe est bon; demandons qu'on nous fabrique des nécessaires plus solidement établis. Malgré le désir exprimé par le ministre de la Guerre, le collectif l'emporta alors sur l'individuel.

Le général Billot acheva la défaite de l'ustensile individuel avec cette argumentation : le plat en commun établit une espèce de lien moral entre ceux qui se groupent autour de lui à l'heure des repas; il assure en quelque sorte la cohésion et entretient la camaraderie; tel qui se sera mal conduit en campagne, qui aura faibli au feu, ne prendra pas sa place autour du plat sans redouter le jugement des camarades; donc, le plat en commun excite l'amour-propre.

De plus, l'obligation de se grouper a pour effet de faciliter la surveillance et par suite d'assurer la discipline.

*

Enfin, avec l'ustensile collectif, on use moins de combustible et l'on fait de la meilleure soupe.

A cela je répondrai que dans le temps où nous vivons il n'est pas besoin de plats pour grouper les soldats en campagne; à ce moment-là, ils éprouvent plus que jamais le besoin de se sentir entourés, appuyés, soutenus; de se parler, d'échanger leurs impressions, de s'encourager les uns les autres. Sous le feu, ils se groupent instinctivement, malgré le danger qui peut en résulter; blessés, ils se traînent derrière l'abri le plus proche où ils se groupent encore, unissant leurs souffrances et leurs espérances en attendant le secours; il n'est pas jusqu'aux morts que l'on ne trouve réunis par groupes dans un fossé ou adossés à un talus, dormant côte à côte leur dernier sommeil.

Oui, à ce moment-là plus qu'à tout autre, la vie en commun s'impose. Les ressources qu'on trouve en caserne n'existent plus; plus de cantine, plus de restaurant à portée et souvent, autour de soi, rien à acheter pour se nourrir; alors il faut se grouper pour manger, réunir les rations de vivres distribuées et mettre en pratique son savoir-faire : l'un procure de l'eau, l'autre allume le feu, celui-ci épluche les légumes, quand il y en a, celui-là surveille la cuisson, enfin chacun s'occupe de son mieux.

Nous nous refusons à croire que le soldat, sous le prétexte qu'il a un ustensile individuel, fera individuellement sa cuisine sans s'occuper de son voisin et que l'armée se composerait ainsi d'isolés qui se bouderaient les uns les autres.

Enfin, la cuisine nécessite-t-elle beaucoup plus de combustible qu'avec l'ustensile collectif? Nous en doutons.

D'abord elle se fait plus rapidement, la capacité des récipients étant moins grande; de plus, bien que les hommes aient chacun leur ustensile, il ne s'ensuit pas qu'ils installeront chacun un foyer particulier pour faire cuire leurs aliments; deux ou trois et même quatre marmites individuelles se grouperont sur le même feu; l'une contiendra la viande, l'autre les légumes, celle-là de l'eau bouillante.

C'est ainsi que se fera la cohésion dont parlent les partisans de l'ustensile collectif.

Enfin, avec l'ustensile individuel, le soldat aura la possibilité de se suffire toujours à lui-même et de préparer ses aliments en toutes circonstances, surtout si exceptionnellement il se trouve isolé.

Conclusion. — Au point de vue moral comme au point de vue matériel de l'alimentation, l'ustensile collectif n'est pas supérieur à l'ustensile individuel; si l'on considère la question importante du poids et du volume, l'ustensile individuel est beaucoup plus avantageux.

.**.

Il a encore d'autres avantages.

Avec l'ustensile individuel, la surcharge est la même pour tout le monde : on ne porte pas plus que son voisin; cela a son importance au point de vue de la bonne humeur et de la discipline. Un soldat n'aime pas être plus chargé que son camarade. Il faut entendre les discussions qui se renouvellent, pendant les manœuvres d'automne, chaque matin au départ du cantonnement; il y a dans une escouade à répartir entre une douzaine d'hommes : deux grandes gamelles, quatre marmites et deux seaux en toile; la gamelle pèse 1 kg. o5o, la marmite 1 kg. 225, et le seau en toile o kg. 45o.

Quoi de plus naturel que l'on préfère porter le seau en toile plutôt que la marmite ou la gamelle?

On organise un tour, c'est entendu, le caporal y veille, mais le tour de la marmite paraît à chacun venir plus souvent que le tour du seau. On se chamaille et souvent de bonne foi, sans parti pris; alors le caporal se fâche, il ordonne; on obéit et l'on charge la lourde marmite sur son sac, d'où mauvaise humeur; et, si celui qui vient de se soumettre se croit victime d'une injustice ou d'une brimade, mauvaise affaire au point de vue de la discipline.

La bonne humeur est le véhicule de l'obéissance.

Sans compter qu'il se produira souvent que, faute de gradé pour ordonner, personne ne prendra la marmite ou la gamelle, qui resteront en route.

Qui de nous n'a pas vu aux manœuvres d'automne un caporal porteur d'un ustensile collectif abandonné dans une ferme, courir de ci de là pour le confier de gré ou de force à l'un des soldats de son escouade?

Avec l'ustensile individuel, pas de discussion : le même pour tous, à chacun le sien; on en a soin parce qu'il est personnel.

Au point de vue de l'égalité du chargement entre les soldats comme au point de vue de la discipline, l'individuel est donc préférable au collectif.

*
* *

Poursuivons la comparaison.

En campagne, il est indispensable d'avoir des effets d'habillement et d'équipement faciles à mettre et à retirer, même dans l'obscurité; sans cela, survienne une alerte alors qu'on est déshabillé ou déséquipé, l'on risque de se trouver dans le cas d'abandonner la moitié de ses affaires dans la précipitation et sous le coup de l'émotion.

Ainsi, il importe beaucoup que nos fantassins puissent charger très rapidement leur havresac; or, nous sommes loin de compte et la difficulté provient surtout de nos ustensiles collectifs, non pas seulement à cause de leur volume, mais aussi parce qu'ils sont de forme et de dimensions différentes.

Pour les maintenir en place, il a fallu les rattacher au reste du paquetage et pour cela employer une courroie longue de deux mètres qui relie l'un à l'autre, tout en assurant la fixité de chacun d'eux, dans la mesure du possible, les effets ou objets que comprend le chargement extérieur (fig. 2); opération minutieuse qui demande du temps et qui s'exécute difficilement dans l'obscurité.

Afin de remédier à cet inconvénient et par mesure de précaution, nous obligeons nos soldats à faire leur sac, habituellement à la tombée du jour; mais en campagne, ils auront à le défaire et à le refaire la nuit très souvent.

De plus, dans le mode d'attache actuel du paquetage, tous les objets qui le composent sont liés les uns aux autres; on ne peut pas en prendre un sans détacher son voisin. Comme cela est commode et pratique!

Avec la marmite individuelle, ces inconvénients disparaissent; il suffit, pour la maintenir sur le havresac, d'une courroie minuscule fixée à demeure sur la patelette (fig. 1); on la retire et on la remet en place très aisément et très vite; de plus, elle est indépendante du reste du paquetage; double avantage de l'individuel sur le collectif.

*
* *

On peut citer d'autres avantages encore :

a) *Au point de vue de l'allégement.*

L'adoption de la marmite individuelle entraîne naturellement la suppression de la petite gamelle individuelle; le couvercle de la marmite servira d'assiette.

Or, la petite gamelle pèse 400 grammes; pour une compagnie de 250 hommes ce sera donc 100 kilogrammes de moins à porter.

Les seaux en toile (deux par escouade) deviennent eux aussi inutiles; il ne manquera pas de récipients avec les marmites individuelles pour transporter l'eau et les liquides, et la marmite sera préférable au seau au point de vue de l'usage, de la propreté et de l'hygiène. La suppression de 32 seaux procurera un nouvel allégement de 14 kg. 400, puisqu'un seau pèse 450 grammes.

Au total, deux objets et 114 kg. 400 enlevés au chargement global de la compagnie; cela n'est pas sans importance.

b) *Au point de vue du tir.*

A la place qu'elle occupe dans le paquetage, la petite gamelle empêche le soldat de lever la tête comme il en a besoin pour mettre en joue dans la position du tireur couché; or, c'est dans cette position qu'il tirera habituellement à la guerre.

Dans les paquetages allemand, autrichien, suisse, anglais, belge, danois, japonais, américain, italien, norvégien, suédois, hollandais, etc., partout enfin, l'on s'est attaché à dégager le cou et la tête pour faciliter la mise en joue; cela a une grande utilité. Pourquoi n'en ferions-nous pas autant?

c) *Au point de vue de la diminution de la visibilité.*

Perchée sur le haut du havresac la gamelle constitue un objectif lumineux qui attirera inévitablement les regards et aussi les balles; même lorsque nos fantassins sont couchés, aplatis sur le sol, la petite gamelle émerge et brille assez pour déceler leur emplacement à plus d'un kilomètre.

Il ne faut pas maintenir sur le havresac toute cette ferblanterie et tout ce clinquant que représentent les ustensiles collectifs et la gamelle, alors que le bon sens et le souci de protéger l'existence de nos soldats exigent qu'on les rende aussi peu visibles que possible.

Inutile d'habiller l'armée en bleu, en gris ou en réséda, inutile de défendre d'astiquer les boutons, inutile de cacher le képi rouge sous une enveloppe bleue si nous laissons sur les épaules de nos fantassins ce réflecteur qu'est la gamelle.

Regardez une troupe en tenue de campagne qui manœuvre; si vous prêtez tant soit peu d'attention à son aspect, vous serez frappés par l'importance que prennent dans la tenue les ustensiles collectifs; on ne voit plus qu'eux; ils sont plus grands que le havresac qui a l'air d'être lui-même en tôle. Mais, voilà le malheur, notre œil habitué à ce spectacle ne voit plus.

Oui, je sais, la fumée du foyer noircira les ustensiles de cuisine, mais jamais complètement; quant à la petite gamelle, qui n'est en réalité qu'une assiette creuse avec un couvercle, elle ne va pas sur le feu.

Supprimons tout ce qui brille et faisons vite; *il y a danger de mort.*

Adoptons la marmite individuelle en aluminium noirci, comme les Allemands, les Belges, les Suisses et les Suédois. La couleur noire disparaît par place, à l'usage, dit-on; c'est possible, mais cela vaut mieux que rien, et puis l'on trouvera peut-être un meilleur procédé pour noircir; cherchons-le.

En attendant, tant que la petite gamelle fera partie de la tenue de campagne, il faudrait au moins la dissimuler sous une enveloppe de toile de la couleur du havresac.

Comment expliquer que cette réforme reconnue utile, au moins à un moment donné, puisqu'elle est prévue dans un document officiel, n'ait point encore reçu un commencement d'exécution? C'est qu'elle dépend de la question de l'aluminium; or, sur l'emploi de l'aluminium pour la fabrication des ustensiles militaires, on discute depuis vingt ans. Les progrès de l'industrie mettent un temps très long à pénétrer dans l'armée, parce qu'en toutes choses nous avons des approvisionnements considérables et puis parce que nous sommes un peu méfiants.

Cependant, elle a pu être approfondie, la question de l'aluminium.

*
* *

Des ustensiles en aluminium ont été donnés au corps expéditionnaire de Madagascar; j'ai entendu dire après la campagne, la question m'intéressait déjà beaucoup, que malgré les défauts constatés, dont le principal était un rivetage défectueux des anses, on n'hésitait pas à préférer l'aluminium à la tôle. Cependant à cette époque l'aluminium n'avait pas encore atteint le degré de pureté qu'on obtient aujourd'hui; de plus la fourniture avait été livrée dans un délai très court; enfin les ustensiles étaient trop grands; ils avaient à peu près les dimensions de l'ustensile en tôle.

Dans la suite, des études furent reprises, nombreuses et très sérieuses; ce n'est un mystère pour personne que des commissions d'expérience ont conclu à l'adoption de l'aluminium; la meilleure preuve, nous l'avons donnée, c'est l'entrée de la marmite individuelle dans la description officielle de la tenue de campagne du fantassin. Mais l'ustensile collectif en tôle condamné à disparaître semble demeuré bien vivant; depuis sa condamnation, il ne se porte pas plus mal; il se porte même très bien, car il se multiplie encore, paraît-il.

Pourquoi cette méfiance vis-à-vis de l'aluminium malgré qu'on l'ait adopté en principe; je l'ignore.

Lui reproche-t-on d'être un métal mou, n'offrant pas une consistance suffisante, qui se bosselle? Eh bien, et nous, est-ce que nous ne nous bossellerons pas à la guerre? Peu importe que la marmite ait des bosses et des creux, avec quelques précautions on les évitera d'ailleurs en grande partie. Ce qu'on doit lui demander surtout, c'est d'être légère, pratique, commode à porter et suffisamment résistante pour faire une campagne; après on la remplacera s'il le faut. On obtient une solidité plus grande avec la tôle, c'est entendu, mais au détriment de la légèreté et de la commodité, qui, en l'espèce, sont préférables à l'immortalité. C'est un peu notre manie en France que de rechercher l'inusable; que de choses reconnues défectueuses à l'usage s'imposent pendant des années et des années parce qu'elles ont résisté à la fatigue et au temps! — « Il faut les user, vous dit-on, après nous verrons ». — Après, il est souvent trop tard.

Si l'aluminium se bosselle, il ne se casse pas à cause de sa grande malléabilité; il résistera au choc, tandis que la tôle s'ouvrira. D'ailleurs, on trouvera certainement, si ce n'est déjà fait, un alliage qui lui donnera plus de consistance.

On reprochait aussi à l'aluminium de se détériorer en magasin; je ne puis croire qu'une puissance comme l'Allemagne, qui a apporté depuis trente ans à la tenue de campagne de son infanterie des améliorations nombreuses et importantes, sans s'occuper des dépenses qui en résulteraient, hésiterait à se débarrasser des ustensiles en aluminium s'ils ne se maintenaient pas intacts dans ses approvisionnements; or, elle les garde, la Suisse aussi, ainsi que d'autres nations, la Russie, le Japon, la Belgique, la Suède, la Norvège, le Danemark. Il suffit de les tenir à l'abri de l'humidité par des procédés qui n'ont rien de secret et qui sont très simples.

L'innocuité de l'aluminium dans la préparation des aliments et la conservation des boissons est établie; c'est encore un point très important.

Recule-t-on devant un surcroît de dépenses?

Comptons : évaluons d'abord au prix du neuf les ustensiles collectifs actuellement prévus pour une compagnie d'infanterie en y ajoutant ceux dont l'adoption de la marmite individuelle amènera la suppression, puis établissons la dépense qui résulterait de la mise en service de la marmite individuelle en aluminium, et nous comparerons.

**

250 petites gamelles à 1 fr............... 250 fr. »
32 seaux en toile à 1 fr. 95............. 72 40
64 marmites de campement à 3 fr....... 192 »
32 gamelles de campement à 2 fr. 50..... 70 40

584 fr. 80

Nous aurions demain :

250 marmites individuelles en aluminium à 3 fr. 30[1] = 825 francs.

Soit une augmentation de dépenses de 250 francs par compagnie.

C'est peu, surtout si l'on fait entrer en ligne de compte les considérations suivantes : l'aluminium n'a pas besoin d'étamage; il aura une durée sensiblement égale à celle de la tôle; le déchet d'aluminium se vend 1 fr. 50 et 2 francs le kilogramme, alors qu'un ustensile en tôle, une fois qu'il est hors d'usage, n'a plus aucune valeur.

Enfin l'expérience nous donne un élément important d'appréciation.

Au début de la guerre de Mandchourie, les Japonais ont pourvu leurs armées de la marmite individuelle en aluminium; ils en ont été très satisfaits. Les Russes eux aussi avaient des ustensiles individuels en aluminium.

Dans la guerre actuelle des Balkans, les Grecs se servent de la marmite individuelle en aluminium; il est à présumer qu'ils en auront été aussi satisfaits que les Japonais.

On a beau chercher, on ne s'explique pas la cause de la méfiance qu'on semble avoir envers l'aluminium.

*
* *

En revanche on voit clairement les avantages considérables que procurerait dans l'infanterie le remplace-

---

[1] Prix de la dernière adjudication.

ment des ustensiles collectifs en tôle par la marmite individuelle en aluminium :

1° Suppression dans la tenue de campagne de deux objets : la petite gamelle individuelle et le seau en toile, ce qui procurerait pour une compagnie un allégement de 114 kilogrammes[1].

2° Répartition plus égale du chargement.

3° Paquetage simplifié; rapidement fait et défait.

4° Conditions du tir améliorées; augmentation de la justesse et de la vitesse.

5° Diminution importante de la visibilité du fantassin.

N'y a-t-il pas dans ces améliorations de quoi satisfaire les plus exigeants et les plus hésitants?

Il suffit d'ailleurs, il me semble, de comparer entre eux le chargement actuel (fig. 2) et le chargement fait avec l'ustensile individuel (fig. 4) pour que la supériorité du second sur le premier éclate au premier coup d'œil.

Rien n'est parfait; l'on trouvera toujours des reproches à adresser à la marmite en aluminium, mais on ne peut pas ne pas reconnaître que son adoption définitive présenterait beaucoup plus d'avantages que d'inconvénients, et que ces avantages sont considérables et indiscutables.

Aussi est-ce, à mon avis, la première amélioration à réaliser, et à réaliser de suite, dans la tenue de campagne du fantassin.

***

Je viens de dire pourquoi la première amélioration à apporter à la tenue de campagne de l'infanterie devait être le remplacement des ustensiles collectifs en tôle par

---

[1] Le poids de 250 marmites individuelles en aluminium est sensiblement le même que celui des 96 ustensiles collectifs qui constituent actuellement le lot d'une compagnie.

des ustensiles individuels en aluminium[1] et d'exposer les motifs sur lesquels s'appuie ma conviction; la seconde amélioration, qui pourrait d'ailleurs se réaliser en même temps que la première, consisterait, suivant moi, à transformer notre havresac dont l'arrangement laisse beaucoup à désirer. Que l'on cherche un nouveau type de havresac répondant mieux que le type actuel aux besoins de la guerre moderne, cela se comprend parfaitement, mais en attendant qu'il soit adopté et confectionné, avant que nous en soyons pourvus il s'écoulera du temps, beaucoup de temps; or, à l'époque où nous vivons, mieux vaut tenir que courir: nous tenons un havresac, cherchons à l'accommoder à notre goût tout en courant après un autre, ce sera plus prudent et plus sage.

*
* *

On reproche principalement à notre havresac d'être lourd par lui-même et de constituer un poids mort exagéré; pourtant, si nous le comparons avec ceux en usage dans les autres armées, nous verrons qu'il s'en trouve de plus lourds que lui[2]. Cette constatation ne manque pas d'intérêt; elle montre les difficultés éprouvées par les autres puissances pour résoudre dans les meilleures conditions possibles une question qui les intéresse tout autant que nous; cela est à retenir.

A ma connaissance, deux moyens ont été proposés et même essayés pour alléger notre havresac : le premier consisterait à supprimer son cadre intérieur en bois, le

---

[1] Il y a aluminium et aluminium; pour que les ustensiles durent, il faut qu'ils soient fabriqués en métal de très bonne qualité. Encore une fois la question ne se pose pas de chercher un aluminium introuvable, indéformable ou inusable, ce serait demander la lune, mais de trouver un aluminium qui remplisse des conditions suffisantes de solidité, de résistance, d'innocuité.

[2] Le havresac français modèle 1893 pèse 1 kg. 750; l'allemand

second à réduire son volume au strict nécessaire pour contenir seulement les effets et objets prévus par l'instruction qui fixe la tenue de campagne.

Je voudrais examiner ces deux procédés et dire pour quels motifs je ne les crois pas susceptibles d'apporter les améliorations que l'on espère en tirer.

a) *Suppression du cadre intérieur.* — Parmi les havresacs actuellement en service à l'étranger (fig. 13 et 14), trois seulement ne possèdent pas de carcasse intérieure; ce sont l'américain[1], le hollandais et le norvégien; malgré cela les deux premiers conservent, même vides, une forme rectangulaire parce que leurs côtés sont doublés de bandes de toile ou de cuir qui suffisent à tendre l'enveloppe et qui tiennent lieu de cadre. Quant au norvégien (fig. 14), il est attaché sur un support en bois qui le maintient étendu.

Dans les autres armées, on a conservé un cadre intérieur constitué avec des planches en bois ou avec des rotins.

Pourquoi? Pour plusieurs raisons, je crois.

D'abord, l'aspect extérieur du havresac, comme celui de tous les effets qui constituent l'uniforme militaire, a son importance; mieux vaut qu'il soit correct. En temps ordinaire, le public fait grand cas du bon aspect d'une troupe et il n'a pas tort; c'est en effet un des signes auquel se reconnaissent des soldats bien tenus, bien commandés et disciplinés. Tout se tient. Cependant j'ajouterai de suite que je suis de ceux qui pensent qu'il faut

---

1 kg. 600; l'italien 2 kg.; l'autrichien 1 kg. 300; le suisse 2 kg. 200; le belge 2 kg.; l'américain 0 kg. 900; l'espagnol 1 kg. 800; le norvégien 1 kg. 600; le danois 1 kg. 900; le suédois 2 kg. 200.

[1] Le havresac américain, qui est le plus léger de tous les sacs (0 kg. 900), n'a pas de cadre intérieur; quatre bandes de toile forte cousues sur chacun des côtés lui donnent une certaine rigidité; il est confectionné en tissu imperméable de couleur grise (fig. 14). Peut-être a-t-il inspiré le modèle du havresac en tissu « Mills » qui aurait été adopté récemment pour notre infanterie, au moins en principe.

envisager avant tout les effets militaires en vue de leur
utilité en campagne, sans se préoccuper de leur physio-
nomie ou de l'effet qu'ils produisent sur le public, à
moins toutefois que la forme ne nuise pas au fond, ce
qui est le cas pour le havresac.

Un avantage plus marqué du cadre est de donner au
havresac une forme rigide et des côtés résistants pour
supporter le paquetage extérieur; car, par-dessus le chargement intérieur, il y a encore un chargement extérieur
très important à prévoir : ustensiles de campement, capote, couverture, tente-abri, outil portatif; pour les arri-
mer solidement mieux vaut un point d'appui ferme et
résistant. Si vous transformez notre havresac en une
besace sans consistance et minuscule, comment ferez-
vous tenir dessus tous ces objets? Cela ne sera pas possible et pourtant il faudra les prévoir; ils s'imposeront
souvent en campagne, qu'on le veuille ou non.

Ensuite, le cadre ne sert pas seulement à supporter le
paquetage extérieur, il protège le paquetage intérieur
comme le toit protège la maison.

Défendre contre la poussière, la boue ou la pluie le
bagage personnel du soldat est une nécessité; dans ce but,
en Allemagne, en Autriche, en Italie, en Belgique, en
Suisse, en Hollande, en Suède, l'enveloppe du havresac
est faite de peau recouverte de son poil.

En France, nous avons eu autrefois le havresac en
peau; il a été abandonné sous le prétexte qu'il se conser-
vait difficilement en magasin; mesure regrettable à tous
les points de vue; nous y avons énormément perdu au
point de vue de la solidité, de l'imperméabilité et de la
non visibilité.

La toile que nous avons adoptée ne remplace pas la
peau; son imperméabilité n'est que passagère et disparaît
assez vite à l'usage; une fois mouillée, quand elle s'appli-
que sur les effets contenus dans l'intérieur du paquetage,
elle leur communique son humidité; le cadre en bois

intervient alors utilement, il la tend et fait l'office des baleines dans le parapluie; l'eau s'écoule sans séjourner dans les plis de l'étoffe. Voilà encore un service important rendu par le cadre.

Troisième avantage : en maintenant l'enveloppe tendue, le cadre facilite la mise en place, le logement[1] et le retrait des objets renfermés dans le havresac.

Certains s'appuient encore pour demander la suppression du cadre sur les commodités que présente le sac de touriste; la meilleure réponse à leur faire est de les inviter à considérer ce qui se passe au pays du tourisme par ex-

---

[1] L'aménagement intérieur du havresac, soit dit en passant, ne semble pas avoir préoccupé ceux qui ont procédé à l'établissement de nos différents modèles et pourtant la division en plusieurs compartiments permet d'isoler les objets, par exemple, les chaussures ou le linge sale des vivres, de trouver de suite celui que l'on cherche et de le prendre sans déplacer les autres; enfin le compartimentage procure une constante et meilleure répartition de la charge en fixant la place sinon de tous les objets au moins celle des plus lourds.

A ce titre le havresac allemand modèle 1895 (fig. 8) présente un agencement intérieur très judicieux; on remarque en haut, sous la patelette, une large poche à linge; au-dessous, un étui pour contenir les piquets de la tente, puis un compartiment à vivres; enfin à la partie inférieure où se placent les boîtes de conserve se trouve un coussinet pour adoucir leur contact avec le dos. Pochettes et cloisons sont en toile cachou imperméable; cela constitue un ensemble pratique et confortable.

En face, le nôtre (fig. 7) paraît rustique; sa description est vite faite : une boîte carrée; cependant nous aussi nous avons eu l'idée de placer une poche sous la patelette, mais elle est si étroite que l'on ne peut rien mettre dedans hormis le livret individuel. Et pourtant le havresac c'est pour le soldat en campagne quelque chose de précieux; c'est tout son bien, tout son bagage; tout ce à quoi il tient est contenu là-dedans, de quoi se nourrir, de quoi se vêtir, de quoi se prémunir contre les intempéries et les maladies, de quoi adoucir son sort au point de vue physique et aussi au point de vue moral, car il y placera des objets personnels et des souvenirs qui lui rappelleront le foyer et les absents. Il faut que tout cela soit bien logé et bien abrité. Il faut que le havresac plaise au soldat, alors il en aura grand soin et il le portera plus gaiement.

cellence, en Suisse. Quand il se promène pour son agré-
ment personnel, le Suisse met sur ses épaules une poche
en toile suspendue à des bretelles et qui contient une
collation avec quelques effets de rechange; cela lui suffit,
car il sait qu'il trouvera le soir le gîte et le souper; mais
quand il endosse son uniforme et devient soldat, ce n'est
plus le sac de promenade en toile qu'il emporte, mais un
sac sérieux, solide, rigide, résistant et recouvert d'une
peau imperméable qui tiendra à l'abri du mauvais temps
ses vivres et ses effets, *un sac de soldat enfin* (fig. 10).

Tous ces motifs m'amènent à désirer le maintien du
cadre intérieur; nous l'avons, gardons-le, il a sa raison
d'être dans notre havresac d'aujourd'hui; cela ne veut pas
dire qu'il s'imposera dans celui de demain.

b) *Diminution du volume du havresac.* — Le second
procédé d'allégement qui consisterait à réduire le havresac
à des dimensions plus petites ne me semble pas plus
opportun; on voudrait lui donner seulement la capacité
suffisante pour contenir les effets et objets prévus par
l'instruction sur le chargement de campagne, savoir: une
chemise, un mouchoir, un bonnet de police ou une calotte de coton (!), un savon, une brosse, une trousse gar-
nie de fil et d'aiguilles, des lacets de rechange, un livret
individuel et deux jours de vivres de réserve; oh! alors, il
suffirait d'un sac minuscule guère plus large que les deux
mains; réduire le havresac à de telles proportions, ce serait commettre une lourde faute, que l'on ne commettra
certainement pas.

Que l'on veuille bien regarder avec attention les photographies qui ont été reproduites ces temps derniers un
peu partout et qui représentent les fantassins bulgares,
grecs ou serbes, aux avant-postes ou en marche, faisant
leur entrée à Uskub, à Salonique, à Janina, à Andrinople,
ou bien encore les aquarelles de Scott prises sur les
champs de bataille de Thrace et l'on verra si ces soldats

ont sur le dos une amusette de sac! Pour parler le langage du troupier, ils portent au lieu de cela un « barda » considérable, un sac de grande taille et bondé à crever[1]. C'est que ces soldats-là font véritablement la guerre et qu'ils portent la tenue de campagne qui n'est pas toujours celle prévue par les instructions réglementaires, mais celles que les circonstances imposent, *la véritable tenue de campagne.*

Nous nous trompons nous-mêmes lorsque, sous prétexte d'allégement et pour rendre notre fantassin plus agile et plus alerte, nous réduisons à rien, sur le papier, son bagage de campagne ou bien lorsque nous lui retirons certains de ses effets indispensables pour les mettre sur des voitures avec la douce illusion qu'il pourra venir les y chercher toutes les fois qu'il en aura besoin.

Avant tout, il faut vivre et résister à la fatigue et aux intempéries et pour cela un bonnet de coton, un mouchoir de poche avec quelques autres objets ne suffisent pas.

A mon avis, le chargement de campagne tel que le décrivent les instructions en vigueur est trop réduit; si louable que soit l'intention de n'y faire entrer que le strict nécessaire, encore faut-il qu'il réponde aux besoins réels. Mettons-nous donc en face de la réalité.

Commençons par le paquetage intérieur : que donnons-nous à notre fantassin comme effets de rechange ou de bivouac : une chemise, un mouchoir, un bonnet de police s'il s'agit d'un soldat de l'armée active ou une calotte de coton[2] (!) s'il s'agit d'un réserviste ou d'un territorial;

---

[1] Le peintre Scott raconte qu'à Lulle-Bourgas il a vu « des fantassins bulgares aux longs manteaux gris de fer, *chargés à plier,* et qui pourtant à la fin de la première partie de cette rude campagne gardaient encore une martiale contenance... ». (*L'Illustration* du 22 mars 1913.)

[2] Qui nous débarrassera de cet effet ridicule pour le remplacer par un bonnet de police confortable et d'aspect militaire; qu'un

c'est tout et c'est peu. Aucun soldat ne s'en contentera; il y ajoutera une ou deux paires de chaussettes, effets très précieux pour un fantassin bien que nous persistions à les considérer dans l'armée comme des objets de grand luxe peu répandus, un gilet de laine ou un jersey, tous les militaires en sont actuellement pourvus, et un vêtement de rechange, sa veste par exemple.

Il faut prévoir de la place pour tout cela et pour autre chose encore; vous permettez un morceau de savon, c'est très bien, mais vous n'empêcherez pas les gens raffinés d'y joindre une serviette de toilette et un second mouchoir de poche; les malins, et je les approuve, emporteront un cache-nez de laine pour s'envelopper le cou et la tête au bivouac[1]. Vous aurez beau dire : tout cela est du luxe et du superflu, je vous répondrai encore : regardez les sacs des Bulgares en campagne, ils sont gros comme des édredons et cependant ces soldats-là ne sont pas des efféminés ni des poules mouillées, ou plus simplement rappelez-vous l'aspect de nos soldats pendant l'hiver terrible de

soldat vienne à égarer son képi ou à le perdre la nuit au cantonnement dans un départ précipité, le voilà réduit à partir nu-tête ou à se couvrir le chef d'un bonnet de coton! Le bonnet de police constitue une seconde coiffure militaire qui sera utilisée aussi bien en route qu'au bivouac; il faut en donner à tout le monde. C'est une coiffure de rechange indispensable.

[1] Un effet national bulgare, le *bachelik*, espèce de cache-nez en laine muni en son milieu d'un capuchon, dont tous les officiers et les soldats étaient pourvus pendant la guerre des Balkans, me semble digne d'attirer l'attention. De l'avis de témoins autorisés il leur a rendu les plus grands services en abritant de la pluie ou du froid la tête, le cou et la poitrine, soit en marche, soit au bivouac, soit aux avant-postes. En attendant que nous ayons doté l'infanterie d'une capote avec collet et capuchon, ce qui est désirable, nous ferions bien de les pourvoir d'un effet semblable au bachelik. Nous ne verrions plus nos troupiers utiliser leur mouchoir pour s'en entourer le cou, afin d'arrêter la pluie qui pénètre par le col ouvert de la capote et coule le long du corps, ou pour se protéger les oreilles contre la bise glaciale. Le bachelik doit être un excellent effet de bivouac.

1870-71. Il faut vivre et vivre par tous les temps dehors, c'est dur, très dur. Faute de précautions, on se refroidit et l'on quitte le rang pour l'hôpital ou pour plus loin encore.

* *
*

Il y aura les voitures qui transporteront des vivres et des effets pour décharger l'infanterie me dira-t-on; oui, nous avons des voitures; leur nombre est même considérable, si considérable qu'elles causeront fréquemment en campagne de grands embarras. Alors, pour en débarrasser les routes et les colonnes, on les reléguera très loin, si loin qu'on ne les reverra pas tous les jours, surtout lorsque l'on aura pris le contact avec l'adversaire.

Evidemment en elle-même, l'idée de soulager le fantassin en déposant une partie de ses effets sur des voitures est excellente, mais il faudrait, pour qu'elle fût pratique, que les effets ainsi transportés pussent être mis à la disposition de leurs propriétaires toutes les fois qu'ils en auront besoin. Qui oserait assurer qu'il en sera ainsi pendant la guerre alors que pendant les manœuvres d'automne, quand il s'agit de manœuvres d'armée par exemple, les voitures ne rejoignent parfois les cantonnements qu'à une heure avancée de la nuit, longtemps après l'entrée des troupes qui elles-mêmes sont arrivées fort tard; que se passe-t-il alors? On n'attend pas les voitures, on fait la soupe et l'on se couche, car il faudra repartir dans quelques heures.

Peut-on espérer, dans ces conditions, que la voiture à vivres et à munitions qui transporte les 250 vestes de la compagnie pourra, chaque jour, en temps utile, remettre à chacun la sienne? Qui les prendra? Qui les distribuera? Si vous arrivez à les distribuer, ce que je crois impossible, comment les rassemblerez-vous ensuite pour les réintégrer dans la voiture? Une demi-journée n'y suffirait pas; et vous voulez faire cette opération chaque jour et le plus souvent (la.nuit? Si un effet, par un hasard inespéré, arrivait à destination, son propriétaire l'aurait à peine endossé qu'il lui faudrait l'enlever pour le réintégrer, l'heure du départ étant venue.

Encore j'admets le cas où toute la compagnie est réunie dans un même cantonnement; imaginez des détachements logés dans des fermes éloignées, ou bien des fractions aux avant-postes, en reconnaissance, etc., penser dans ces conditions qu'il sera possible de distribuer à chacun son lot, c'est avoir une foi robuste dans le surnaturel et une âme candide. Et encore j'écarte le danger qui menace tous les jours à la guerre : l'attaque imprévue, l'obus qui tue aussi bien les chevaux que les hommes et démolit les voitures, etc.

Enfin, on va se battre, on se bat, l'action est engagée; elle peut durer plusieurs jours; verrons-nous alors les voitures circuler parmi nous et nous apporter ce dont nous aurons besoin. Pauvre fantassin, qui coucheras et recoucheras sur le champ de bataille à ton poste de combat, si tu attends pour te réchauffer qu'on t'apporte la veste que tu as déposée dans la voiture de la compagnie, tu attendras en vain.

Heureusement, le fantassin méfiant aura gardé avec lui sa veste le jour où il aura eu la bonne fortune de mettre la main dessus.

Donc, il faut prévoir dans le sac une place pour loger sa veste et aussi les autres vêtements dont j'ai parlé : la serviette de toilette, le gilet de laine, le cache-nez, les chaussettes et aussi quelques objets personnels ; sans compter que nous serons amenés parfois à faire porter à nos soldats quatre jours de vivres.

L'intérieur de notre havresac n'est pas trop grand pour contenir au besoin tout cela.

*
* *

Voilà pour le dedans; parlons du paquetage extérieur.

Il comporte actuellement l'ustensile collectif de campement, l'outil portatif et les chaussures de repos; *éventuellement* une couverture et une toile de tente; mais l'emploi de ces deux derniers effets, couverture et toile de tente, n'étant prévu que pour une faible partie des troupes, et dans certaines régions, on n'en tient généralement pas compte dans la constitution du paquetage extérieur.

« Nous ferons la guerre dans une région très habitée, dit-on, il ne manquera pas d'abris; inutile de surcharger encore nos fantassins d'effets très lourds et dont ils n'auront pas à se servir. »

Ce n'est pas mon avis; les nécessités de la guerre amèneront inévitablement le commandement à concentrer des forces très importantes soit dans la région où il cherchera la bataille, soit dans celle où elle lui sera imposée; s'y trouvera-t-il des abris? Question secondaire dont il ne ne se préoccupera pas. Son souci et son devoir seront d'être prêt au point et en temps voulus avec le plus de monde possible. Dans ces conditions, fatalement, les troupes bivouaqueront souvent; il est donc important qu'elles aient toujours avec elles des cartouches, des vivres, des effets de bivouac et des abris portatifs comme la couverture et la tente individuelle.

C'est l'avis des Allemands et des Autrichiens.

L'Allemagne a adopté la toile de tente en 1892; le ministre de la Guerre, dans l'exposé des motifs présentés à l'appui de la demande de crédits nécessaires, disait : « En raison de l'augmentation des masses que présenteront dorénavant les armées en campagne, le cantonnement sera l'exception, tandis que le bivouac deviendra la règle pour les troupes sur le théâtre des opérations. *La nécessité s'impose de garantir la santé et la vigueur des hommes en les abritant contre le froid et l'humidité*[1] ».

En Autriche, la mise en service de la tente-abri est

---

[1] *Revue militaire de l'étranger*, mai 1892.

consacrée par l'instruction du 8 mars 1893; pour son adoption le ministre de la Guerre avait fait valoir les arguments suivants : « On trouvera rarement, surtout dans les régions où la densité de la population est faible, des ressources en cantonnement suffisantes pour installer à couvert les effectifs considérables des armées modernes. Les abris disponibles seront attribués tout d'abord à la cavalerie et à l'artillerie, *aussi semble-t-il indispensable de doter les troupes à pied d'une tente-abri afin d'éviter les déchets considérables que ne manqueraient pas d'occasionner les intempéries*[1] ».

Les paquetages des soldats italiens, russes, suisses, américains, suédois et norvégiens comportent aussi, comme ceux des allemands et des autrichiens, une tente-abri et pour les mêmes motifs qui paraissent justifiés et raisonnables.

On a objecté aussi chez nous, à ceux qui comme moi demandaient l'emploi généralisé de la tente, qu'il en résulterait une surcharge considérable pour le fantassin.

Evidemment, la toile de tente actuellement en service est lourde; avec ses accessoires elle pèse environ 1 kg. 900. c'est beaucoup. Mais, dans le but de parer, dans la mesure du possible, à cet inconvénient, on avait proposé et même adopté, il y a quelques années, un matériel de campement beaucoup moins lourd[2] : il consiste en une étoffe

---

[1] *Revue militaire de l'étranger*, octobre 1893.

[2] Description de la tente individuelle en tissu de coton imperméable. A la date du 5 octobre 1897, une décision ministérielle insérée au *Bulletin officiel* a prescrit le remplacement de la tente en service, dite tente Waldejo, et l'ancien sac tente-abri par le modèle de tente-abri individuel dont le détail suit :

Toile de tente	o k. 700
Demi support	o k. 185
Deux piquets	o k. 150
Trois cordeaux	o k. 017
Poids total	1 k. 052

Prix 6 fr. 70.

Fig. 5

Mode d'attache du
Havresac norvègien

Fig. 6

Mode d'attache du
Havresac français

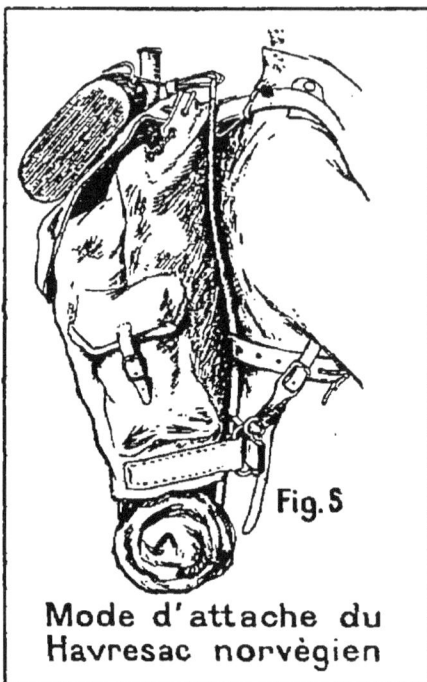

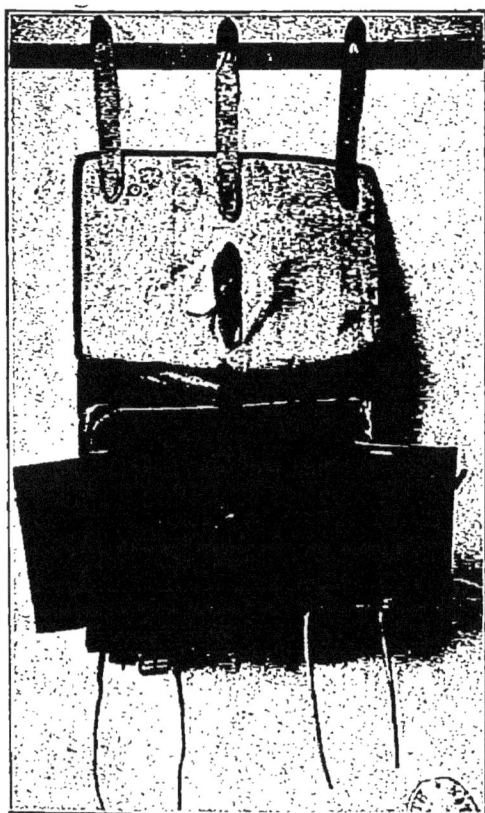

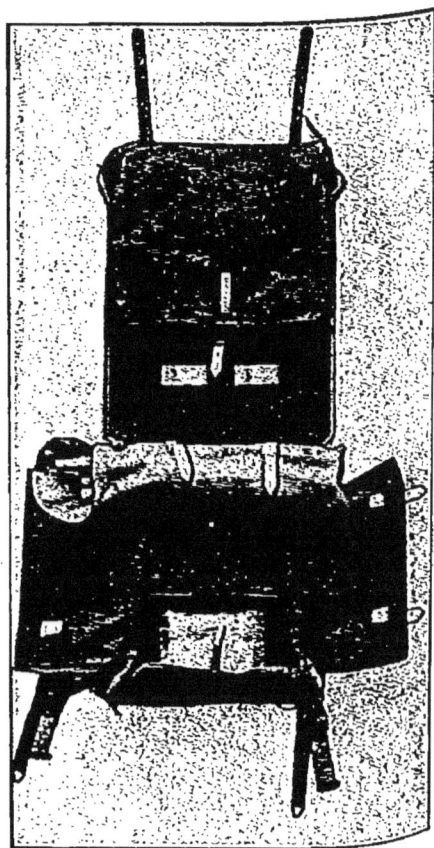

FIG. 7. — HAVRESAC FRANÇAIS MODÈLE 1893. FIG. 8. — HAVRESAC ALLEMAND MODÈLE 1895.

FIG. 9. — HAVRESAC MODÈLE 1893 ALLONGÉ
AU MOYEN D'UN SOUFFLET EN TOILE.

FIG. 10. — FANTASSIN SUISSE
EN TENUE DE CAMPAGNE.

FIG. 11. — FANTASSIN FRANÇAIS.
TENUE DE CAMPAGNE SANS LE HAVRESAC.

FIG. 12. FANTASSIN ALLEMAND.
TENUE DE CAMPAGNE SANS LE HAVRESAC.

de coton teintée en cachou pâle et imperméabilisé et des supports en bambou, le tout pesant environ 1 kilogramme. Qu'en est-il advenu? Je crains que l'on ait abandonné l'idée de prévoir l'usage de la tente-abri pour toute l'armée et que l'on s'en soit tenu au matériel ancien que nous possédons encore en magasin. Pourvu que les événements ne prouvent pas que nous avons manqué de prévoyance!

Dans tous les cas, il n'y pas d'exagération à comprendre en plus des chaussures de repos, de l'ustensile collectif et de l'outil portatif, dans le paquetage extérieur, une couverture et une toile de tente puisque nos règlements eux-mêmes en prévoient éventuellement l'usage.

D'où je conclus que, pour mettre dedans ou sur notre havresac les objets dont je viens de discuter un à un l'utilité, il faut maintenir ses dimensions et lui conserver son cadre intérieur. Comment pourrions-nous donc le transformer utilement? En l'allongeant; je vais dire pourquoi et comment.

*
* *

Par plaisanterie, nos troupiers disent souvent : « Ce n'est pas le sac qui est gênant, ce sont ses bretelles ». Ils disent la vérité en riant; les bretelles les gênent beaucoup plus que le poids du havresac. En somme, on arrive, avec de l'entraînement, à porter aisément sur les épaules une charge de 7 à 8 kilogrammes, à la condition qu'elle soit bien équilibrée et commodément installée; ce n'est pas le cas pour la charge de campagne du fantassin.

Son havresac a la forme d'un parallélogramme; il ne peut le maintenir appliqué sur le dos, surface arrondie qu'en serrant à fond les bretelles autour des épaules (fig. 6). Ce serrage, qui nuit à la bonne circulation du sang, cause à la longue une sensation pénible, surtout dans la position d'immobilité; au cours d'une revue, il n'est pas rare de voir des soldats pâlir; ils tomberaient si l'on ne les soutenait pas. En marche, le havresac glisse sur le dos et en descendant il tend les bretelles qui compriment les épaules et tirent en arrière le haut du corps; d'instinct, le troupier le remonte d'un coup de rein. Regardez pendant quelque temps une troupe en marche avec le chargement de campagne, vous verrez les soldats faire, les uns après les autres, le mouvement dont je viens de parler; cela s'appelle « donner le coup de sac ».

Ces inconvénients découlent de la forme et des dimensions du havresac; car, son défaut principal ce n'est pas d'être trop lourd ou d'avoir un cadre en bois, c'est d'être mal établi, mal équilibré et par suite mal commode à porter, c'est surtout de *n'avoir pas une longueur suffisante*[1].

On se rendra facilement compte des avantages de la longueur dans un havresac en comparant un type court, le nôtre (fig. 6), avec le type le plus long, le norvégien (fig. 5). Ce dernier épouse la forme du dos; les points de contact se trouvent augmentés; le fardeau, réparti sur une plus grande surface, se supporte mieux; de plus, la charge repose en partie sur la région lombaire, un point d'appui solide et commode.

Enfin, du fait que le havresac est plus long, les bretelles

---

[1] Nous possédons le havresac le plus court; il ne mesure que 27 centimètres de longueur. Dans les autres armées il a les dimensions suivantes :

En Norvège, 44 centimètres; en Suisse 40 cent.; en Autriche, 40 cent.; aux Etats-Unis, 40 cent.; en Belgique, 35 cent.; en Danemark, 35 cent.; en Pays-Bas, 34 cent.; en Suède, 34 cent.; en Italie, 31 cent.; en Espagne, 28 cent.

Il est bon d'ajouter que notre havresac du modèle antérieur mesurait environ 10 centimètres de plus que le modèle 1893. Il portait à la partie supérieure une case à cartouches; lorsque l'on retira les cartouches du sac pour les mettre toutes dans les cartouchières, leur logement fut supprimé et cette suppression amena une diminution dans la hauteur. Comme il existe, je crois, en magasin des havresacs de modèle ancien qui n'ont pas encore été transformés, peut-être y aurait-il intérêt à les modifier, si possible, sans diminuer la hauteur.

HAVRESACS

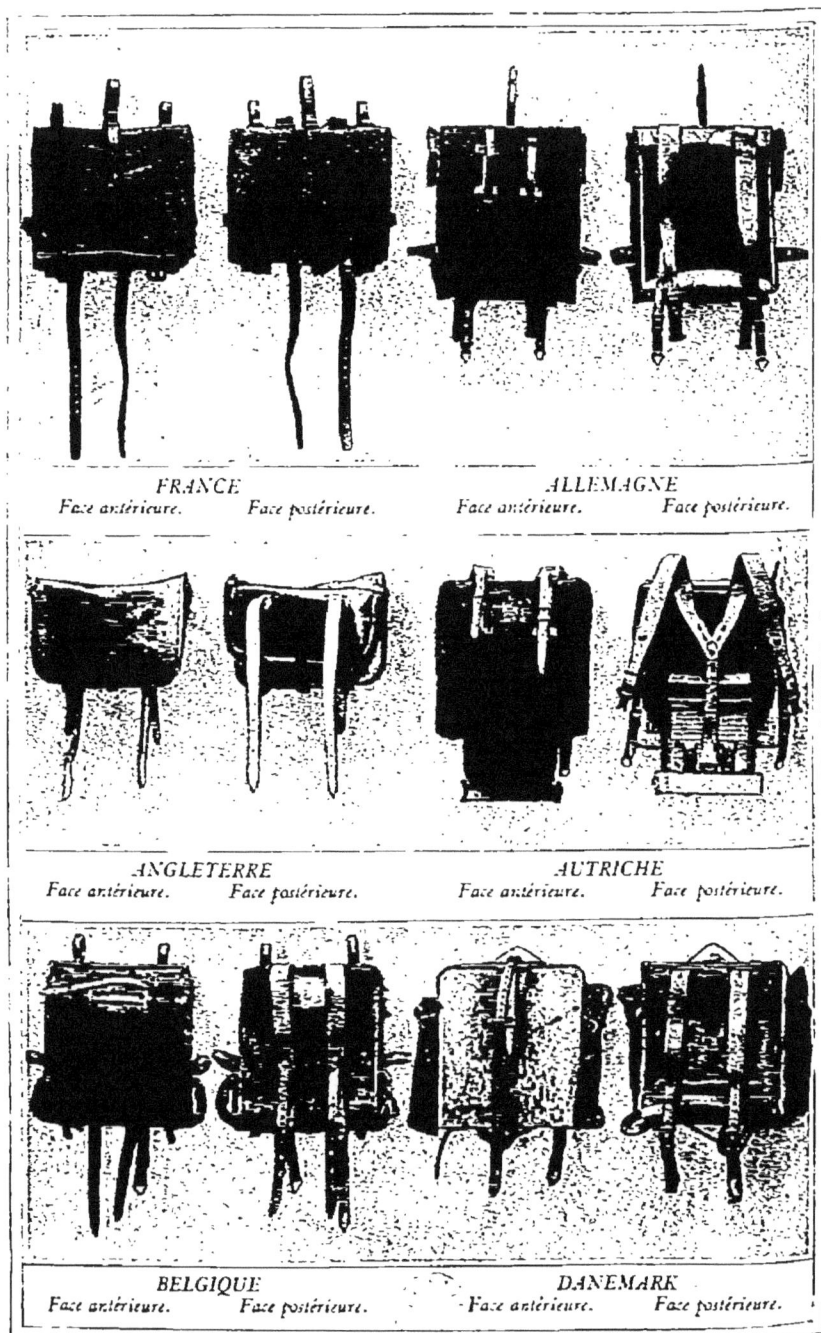

FRANCE
Face antérieure. *Face postérieure.*

ALLEMAGNE
Face antérieure. *Face postérieure.*

ANGLETERRE
Face antérieure. *Face postérieure.*

AUTRICHE
Face antérieure. *Face postérieure.*

BELGIQUE
Face antérieure. *Face postérieure.*

DANEMARK
Face antérieure. *Face postérieure.*

FIG. 13. — HAVRESAC ACTUELLEMENT EN SERVICE DANS LES DIFFÉRENTES ARMÉES.

HAVRESACS

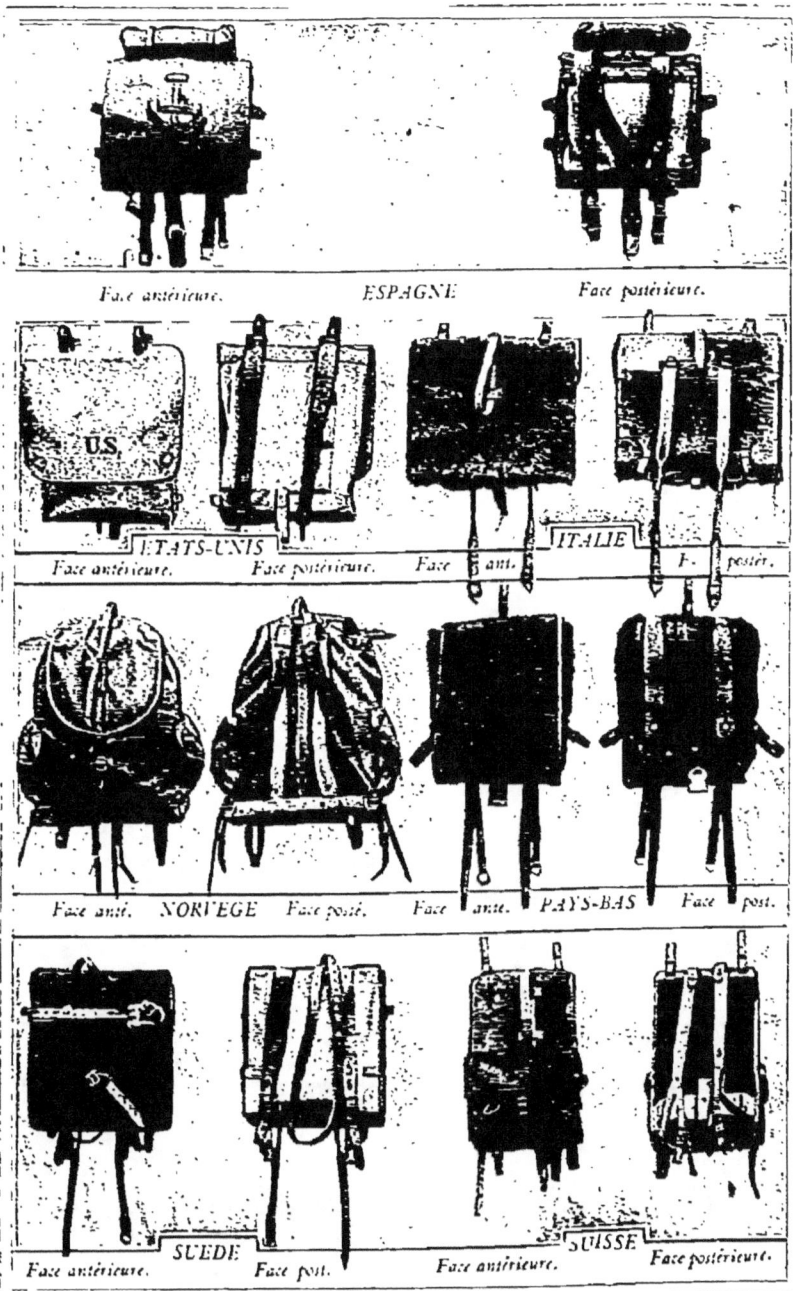

Face antérieure.   ESPAGNE   *Face postérieure.*

ÉTATS-UNIS   ITALIE

Face antérieure.   *Face postérieure.*   *Face ant.*   *F. postér.*

Face ant.   NORVEGE   *Face posté.*   *Face ante.*   PAYS-BAS   *Face post.*

SUÈDE   SUISSE

Face antérieure.   *Face post.*   *Face antérieure.*   *Face postérieure.*

FIG. 14. — HAVRESAC ACTUELLEMENT EN SERVICE DANS LES DIFFÉRENTES ARMÉES.

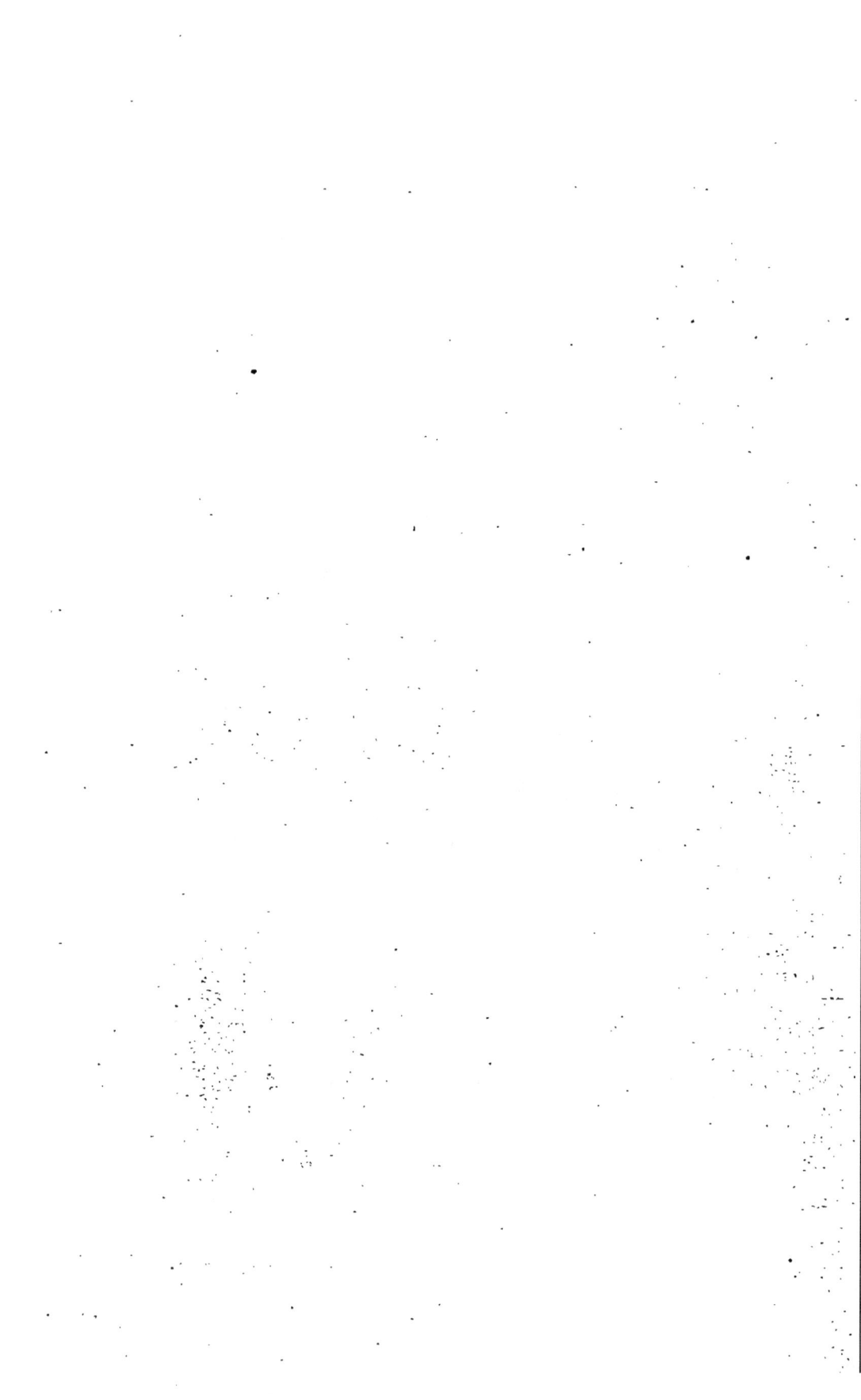

sont plus longues; il en résulte un avantage considérable, les bras se meuvent facilement dans tous les sens; aucune compression ne se produit.

On peut faire les mêmes constatations sur le havresac allemand (fig. 13) qui est établi suivant les mêmes principes et dans de meilleures conditions encore ou sur le havresac suisse (fig. 10).

Chez nous (fig. 6), en raison de sa structure et de ses dimensions, le havresac a beaucoup moins de contact avec le dos; il est comme suspendu et ne prend appui sur rien; il est pour ainsi dire tangent à la partie supérieure des épaules et ne tient en place que par un serrage exagéré des bretelles qui écrasent les épaules et diminuent dans des proportions importantes la liberté des bras; or, il faut qu'un soldat ait les bras libres pour se battre et pour tirer dans de bonnes conditions.

A la suite de la guerre de Mandchourie à laquelle il a assisté du côté de l'armée russe, le général Silvestre a résumé ses impressions et il a fait des comparaisons entre les armées belligérantes et la nôtre; il a dit entre autres choses ceci textuellement: « *Le sac actuel de notre fantassin est un obstacle presque insurmontable à la bonne exécution du tir couché* ».

C'est parfaitement vrai; cet obstacle se trouve constitué d'abord, comme je l'ai déjà dit, par la petite gamelle individuelle juchée sur le sommet du paquetage qui limite les mouvements de la tête d'avant en arrière, ensuite et surtout par les bretelles du sac qui compriment les épaules et gênent les mouvements du bras, à tel point qu'un grand nombre de soldats, dans la position du tireur couché, débouclent la bretelle droite du sac pour avoir le bras plus libre et tirer plus commodément.

Voilà un très grave défaut de notre équipement, connu et signalé depuis longtemps, qu'il importe de faire disparaître; par quels moyens? Je n'en vois qu'un, celui auquel je faisais allusion tout à l'heure : *allonger le havre-sac;* du même coup on allongera les bretelles.

*
* *

Cette solution paraîtra bizarre, au moins au premier abord; elle va à l'encontre de l'idée généralement admise qu'il faut à tout prix alléger le fantassin. Cependant, moi aussi, je suis un partisan très sincère de l'allégement; je l'ai prouvé autrement que par des paroles en l'air et des promesses faciles en traitant à fond la question si diffi-cile de la tenue de campagne et en discutant un à un tous ses éléments. Ne pas comprendre dans son chargement des effets ou des objets qui s'imposeront la plupart du temps en campagne ou bien en prévoir le transport sur des voitures comme un moyen de soulagement *régulier et certain*, ce n'est pas alléger le fantassin, c'est lui donner un espoir qui ne se réalisera que très rarement ou pas du tout; or, il est toujours dangereux de promettre plus que l'on ne peut tenir.

Il en résulte une désillusion qui affecte le moral. Mieux vaut envisager les choses telles qu'elles sont sans se payer de mots. Le bagage du soldat en campagne, j'en ai arrêté la composition en discutant l'utilité de ceci et de cela et je suis encore resté au-dessous de la réalité en laissant de côté les objets personnels dont chacun se pourvoira à sa guise; pour loger et abriter ce bagage, il faut un havresac solide, commode et suffisamment grand; or, le nôtre est assez solide, mais il est trop court et difficile à porter. Si, en l'allongeant, il devient plus facile à porter, nous aurons du même coup allégé nos soldats en équilibrant mieux son fardeau et supprimé en grande partie le défaut que signalait le général Silvestre : « *Le sac actuel de notre fantassin est un obstacle presque insurmontable à la bonne exécution du tir couché.* »

Voici un procédé qui m'a donné des résultats assez satisfaisants : il consiste à prolonger par le bas le havresac au moyen d'un soufflet dans lequel on pourra loger des effets de rechange, veste ou linge (fig. 9); inutilisé, le soufflet se replie et le havresac reprend son aspect habituel (fig. 4)[1].

Ce soufflet confectionné en toile pareille à celle de l'enveloppe du havresac est fermé d'un côté et reste ouvert de l'autre; à sa partie inférieure, pour lui donner de la consistance, on a cousu une bande de cuir fort sur laquelle sont assujetties les boucles d'attache des bretelles. Le travail n'est pas compliqué; les ateliers des corps de troupe l'exécuteraient facilement et rapidement; le prix de revient du soufflet s'élèverait environ à 2 francs, autant que j'ai pu m'en rendre compte par l'établissement d'un unique exemplaire; enfin il représente une surcharge de 140 grammes. C'est, avec la dépense, le seul inconvénient.

Avantages. — Le havresac s'allonge de 10 centimètres, conséquemment les bretelles s'allongent d'autant; — les épaules ne sont plus emprisonnées et les bras peuvent se mouvoir aisément dans tous les sens comme il est facile de s'en rendre compte (fig. 9); — le soldat n'éprouve plus aucune difficulté pour épauler son arme dans aucune position, debout, à genou et couché; — plus de compression; — une meilleure répartition du chargement : le havresac prend appui par le bas sur la région lombaire et le contact se trouve adouci par la veste ou le linge qui forme coussinet; — les effets contenus dans le soufflet sont abrités; — la veste, pouvant être logée en dehors du havresac proprement dit, fait de la place pour les chaussures de repos; — il ne reste plus rien à mettre sur le havresac, hormis la couverture et la toile de tente quand il y aura lieu; — le cou et la tête sont complètement dégagés; — le havresac acquiert des dimensions suffisantes

---

[1] On a prolongé le havresac actuel au moyen d'un soufflet qui est représenté fermé dans cette figure.

pour contenir le véritable chargement de campagne; — il conserve l'aspect correct qui convient à tous les objets militaires, qu'il soit vide ou plein, qu'on utilise ou non le soufflet[1].

Un havresac muni de son prolongement et de son chargement complet avec un ustensile individuel a été mis à l'essai; j'ai simplement prié un officier de mon régiment de le faire porter à tour de rôle par des soldats susceptibles d'établir nettement une comparaison entre lui et le havresac qu'ils portent habituellement; bien entendu on leur a laissé ignorer absolument que le havresac qu'ils expérimentaient avait été établi sur les indications de leur colonel.

Voici le compte rendu de l'expérience que je transcris fidèlement sans y changer une lettre.

« *L'expérience a été faite par un caporal et trois soldats choisis parmi ceux pouvant le mieux traduire leurs impressions et sans qu'ils aient pu s'influencer mutuellement.*

L'échange des sacs a été fait, soit au moment d'une halte horaire, soit au cours de la marche afin que le contraste entre les deux modes de chargement pût être plus frappant.

Tous préfèrent le sac transformé pour les raisons suivantes :

---

[1] L'adoption d'une prolonge au havresac, celle dont je parle ou tout autre, aurait encore pour conséquence la suppression de la cartouchière postérieure ce qui ne présenterait aucun inconvénient, au contraire. Dans les conditions actuelles le havresac, chez les soldats de petite taille surtout, chevauche sur la cartouchière postérieure et en empêche l'utilisation; de plus, ce chevauchement rend le chargement plus pénible encore à la longue. Supprimons cette cartouchière inutile et gênante et mettons ses trois paquets de cartouches à portée de la main, dans la poche ou dans l'étui-musette; nous y gagnerons un allégement de 210 grammes qui compensera largement les 140 grammes de supplément apporté par la prolonge du havresac.

1° *Plus grande liberté des mouvements à cause de la non compression des épaules (semble être l'avantage le plus apprécié et le plus spontanément reconnu).*

2° *Le sac paraît moins lourd parce que la charge est répartie plus uniformément et sur une plus grande surface du dos.*

3° *Liberté plus grande de la tête et du cou dans la position couchée. (Celui qui portait le sac transformé pendant l'exécution du tir n'a pas eu besoin de le dessangler pour tirer ce qu'il fait obligatoirement avec le sac réglementaire dans le but de l'abaisser partiellement et de permettre à son épaule droite une plus grande liberté de mouvements.)*

Au moment de la grand'halte le porteur du sac transformé a fort apprécié l'indépendance des deux paquetages et la facilité avec laquelle il arrimait et enlevait l'ustensile individuel de campement ».

Signé : Lieutenant Roquigny.

*
* *

Les conclusions de cette première expérience présentent de l'intérêt; j'y vois non pas la solution de la question, je n'ai pas la prétention de l'avoir trouvée, mais une *indication*, un jalon de plus sur la voie du progrès.

En terminant cette longue et sévère discussion sur la transformation du havresac je voudrais répondre à une objection que j'entends formuler de tous côtés : « Votre chargement est tout de même trop lourd ».

On a trop répété : « Nos soldats ne sont plus les soldats d'autrefois »; pour un peu l'on ajouterait « notre race dégénère, ne lui demandons pas un effort au-dessus de ses forces ». Cela n'est pas vrai : la jeunesse de maintenant est vigoureuse, assouplie, entraînée et fortifiée par les sports, voilà pour le physique; au moral, elle n'est pas moins vaillante : elle a le culte du souvenir, elle n'a pas le sentiment de la peur, elle porte très haut le sentiment de l'honneur national, elle a la volonté de vivre et de grandir libre, toutes vertus qui font les hommes forts et les soldats robustes.

Et puis voyons, est-ce demander un effort surhumain que d'entraîner nos soldats à porter sur leur dos une charge de 8 ou 9 kilogrammes; à l'heure qu'il est, aux grandes manœuvres, ils portent souvent plus et malgré cela ils marchent allègrement, courent, se couchent, se relèvent et repartent rapidement bien qu'ils soient incommodés par leur havresac actuel. Dans la guerre des Balkans les Bulgares, les Serbes et les Grecs avaient une charge plus lourde sur les épaules ce qui ne les a pas empêchés de montrer au reste du monde stupéfait d'admiration une puissance offensive de premier ordre. Direz-vous que nous ne pourrons pas les égaler? Comparez notre chargement de campagne avec celui des autres puissances; il est un des moins pesants[1]. Cependant les armées étrangères ont le même désir que nous d'alléger leurs fantassins; elles en ont cherché les moyens tout aussi sérieusement que nous et souvent même plus sérieusement. On peut en déduire que si elles n'ont pas pu descendre le poids de la charge c'est qu'elles en ont été empêchées par des raisons impérieuses comme celles d'assurer avant tout la santé et la vie de leurs soldats contre les rudes misères de la guerre; *pour combattre il faut vivre d'abord.*

Si je défends le principe du sac au dos avec tout ce

---

[1] On peut estimer que le poids de notre havresac chargé dans les conditions que j'ai indiquées s'élèvera à 8 kg. environ, à 9 kg. avec la couverture, à 10 kg. avec la couverture et la tente-abri.

A l'étranger, il atteint les poids suivants :

Allemagne, 11 kg.; Angleterre, 10 kg.; Autriche, 14 kg.; Belgique, 10 kg.; Danemark, 11 kg.; Suisse, 11 kg.; Espagne, 10 kg.; Etats-Unis, 11 kg.; Italie, 11 kg.; Norvège, 11 kg.; Russie, 13 kg.; Suède, 13 kg.

qu'il faut dedans je n'en reste pas moins partisan très
convaincu de l'idée de soulager le soldat de son chargement toutes les fois que cela sera possible ou commandé
par les circonstances. Quand il faudra donner « le coup
de chien, nous mettrons sac à terre et « En avant, à la
baïonnette! » — Si nous perdons nos sacs, eh bien! nous
prendrons ceux des autres.

AUTRES RÉFORMES

Cela fait, il restera encore beaucoup d'améliorations à
apporter à la tenue de campagne de l'infanterie : voici
à mon avis les plus importantes, celles qui, avec les
précédentes, constitueraient le programme des réformes
à réaliser dans le plus court délai possible.

Chaussures de repos. — Le fantassin part en campagne
avec une paire de chaussures de marche et une paire de
chaussures de repos; c'est un principe admis et appliqué
dans toutes les armées[1].

Les chaussures de repos doivent être assez souples et
assez confortables pour que les pieds endoloris puissent
s'y reposer à l'aise au bivouac ou au cantonnement, mais
elles doivent aussi présenter une résistance suffisante
pour être portées par tous les temps et pour permettre
au fantassin de faire avec elles une ou deux journées de
marche au cas où sa chaussure de fatigue l'aurait blessé
ou bien si elle était momentanément hors d'usage.

Nous avons à l'heure qu'il est comme chaussure de
repos l'espadrille dont presque toute l'infanterie est mu-
nie. L'espadrille est une pantoufle pour se promener en

---

[1] Les meilleurs types de chaussures de repos sont ceux de l'armée
allemande et de l'armée autrichienne; en Autriche c'est un brodequin léger en cuir souple avec tige en toile cachou; en Allemagne,
un brodequin de même nature, mais avec tige en cuir. Le premier
type pèse 1 kilog., le second, 1 kilog. 200. La chaussure allemande
me paraît préférable parce que plus résistante par mauvais temps
surtout.

chambre ou sur un terrain sec par beau temps; portée
dans l'eau et dans la boue elle devient une loque inuti-
lisable. On l'a reconnu d'ailleurs puisqu'un nouveau modèle de chaussure de repos, un brodequin léger avec
tige en toile cachou, a été adopté en principe[1]; mais il faut
que l'on se hâte de nous le donner.

Coiffure; képi ou casque? — « ...L'usage des shrapnels
a sensiblement modifié les conditions de la bataille; cette
pluie dense de mitraille crible pouce par pouce le terrain,
défonce et broie les crânes, décervelle et tue avec une
inéluctable sûreté. Devant la nécessité reconnue de protéger les soldats à la tête, ceux qui viennent de voir la
guerre en arrivent à reconnaître l'utilité du casque, non
plus coiffure de parade mais armure défensive...[2] » C'est
l'opinion émise par le peintre Scott qui était allé recueil-
lir sur place, à Mustapha-Pacha, les échos de la guerre
des Balkans.

----

[1] La description de ce brodequin figure au fascicule rectificatif des
uniformes n° 10, 23 septembre 1912, p. 24, mais le Parlement n'en
a pas encore voté l'adoption. A qui la faute ?

On lit dans *la France militaire du 25 avril 1912:* « On a distribué
aux membres du Sénat le rapport de M. Chapuis, au nom de la Commission sénatoriale de l'armée, sur le projet de loi portant adoption
d'un nouveau modèle de chaussures de repos.

Dans ce document, M. Chapuis signale avec raison *qu'il y a près
de vingt ans* que des études ont été entreprises pour substituer à la
chaussure de repos actuelle, condamnée dès l'origine, un modèle
véritablement propre à cette destination, c'est-à-dire présentant les
trois qualités suivantes : légèreté, souplesse, résistance suffisante.... »

Et dans *la France militaire du 28 mai 1913, treize mois après:* « La
Commission de l'armée, réunie sous la présidence de M. le Hérissé,
a approuvé le projet de loi tendant à l'adoption d'un nouveau modèle
de chaussures de repos pour l'armée. M. Girod, rapporteur, fera un
rapport supplémentaire et la discussion en séance publique sera
demandée le plus vite possible... »

Si tout ce qui précède est exact, comme il y a lieu de le supposer,
le premier venu conclurait comme moi : on ne va pas vite en besogne
en fait de réformes militaires.

[2] D'après George Scott. — *Illustration du 22 mars 1913.*

Malgré que cette opinion soit basée sur des faits récents, le casque en métal, en raison de son poids, ne me paraît pas admissible pour le fantassin pas plus que le bouclier de l'infanterie dont on a beaucoup parlé au moment de la guerre du Transvaal[1]; mais je suis depuis longtemps partisan d'une coiffure rigide en liège comprimé recouvert d'un drap ou d'une toile à la couleur du vêtement, sous la forme d'un casque ou d'un képi rigide du genre de ceux adoptés en Espagne, en Italie et en Hollande pour protéger la tête contre la chaleur et contre la pluie. Sous l'eau, le képi devient une éponge, sous le soleil, un étouffoir.

En attendant, il faut rendre le képi inoffensif; sa couleur rouge le dévoile de très loin surtout sur un fond de prairie et de bois ou sous une lumière forte et encore elle tranche trop vivement avec celle du vêtement. On a décidé de le recouvrir d'une coiffe de la couleur de la capote; excellente mesure dont l'expérience confirme la nécessité[2].

Le soldat est pourvu d'une coiffure de cantonnement et de bivouac : un bonnet de police pour l'armée active, un bonnet de coton pour la réserve et l'armée territoriale; j'ai déjà dit mon opinion sur le bonnet de coton qui est grotesque. Quant au bonnet de police il ne semble pas encore avoir conquis une place officielle dans la tenue de campagne; c'est un à-côté que l'on traite avec un certain mépris que, pour ma part, je ne comprends pas.

---

[1] Des témoins autorisés ont dit que les Bulgares, dans les tranchées, protégeaient leur tête contre les éclatements d'obus, en la couvrant avec leur pelle portative qui formait bouclier ou avec de la terre.

[2] A titre provisoire on a décidé de teindre en bleu les coiffes en coton blanc dont les soldats recouvrent leur képi pour protéger leur tête du soleil ou pour distinguer un parti d'un autre à la manœuvre; il est à redouter que ces coiffes confectionnées en tissu léger ne présentent pas assez de résistance en campagne; il vaudrait mieux établir un modèle en toile forte.

« *Autant que possible*, dit l'instruction du 15 juin 1910, qui en fixe la forme et le fond, *les bonnets de police sont confectionnés avec des capotes ou des manteaux hors de service. Ce n'est qu'à défaut de drap de capotes ou de manteaux hors de service que les compagnies peuvent confectionner ou demander des bonnets de police en drap neuf....* »

Allez vous étonner après cela qu'un soldat hésite à s'en servir ou n'en prenne pas le soin désirable ou bien qu'il le ridiculise en lui donnant sur sa tête les poses et les formes les plus variées. Le bonnet de police est sa coiffure de cantonnement et de bivouac, il faut qu'elle soit ample et confortable pour protéger du froid la tête et les oreilles, et qu'elle ait un aspect correct; s'il vient à perdre son képi, ce sera son unique coiffure. Le bonnet de police a donc une importance et une utilité incontestables; il mérite qu'on s'occupe de lui et qu'on le fasse plus beau et plus pratique qu'il n'est.

Vêtements. — Parmi nos vêtements, la veste, effet étriqué, disgracieux, gênant, incommode et antihygiénique, est à rejeter au plus tôt de la liste des vêtements de campagne; les avis sont unanimes à ce sujet, je crois, mais elle subsiste; on la remplacerait très avantageusement par une vareuse ou à défaut par la tunique.

Notre capote serait utilement complétée par un col rabattu et deux poches avec patte de fermeture placées sur le devant; ces poches doublées de toile forte ou de cuir seraient, sans doute, au combat, la cartouchière idéale[1]. On apprécierait fort le col rabattu[2] par temps

---

[1] J'ai eu entre les mains à peu près tous les types de cartouchières en usage; il n'y en a pas de bonnes; dans toutes se trouvent les mêmes défauts; une fermeture mal assurée, le soldat risque, lorsqu'il prend le pas de course, de perdre ses cartouches et une capacité trop petite qui rend le maniement des cartouches difficile.

[2] Seules, les capotes des soldats espagnols et français ont le col droit.

froid ou par temps de pluie; le col actuel baille, l'eau y pénètre facilement et mouille directement l'intérieur des vêtements et la chemise; nos troupiers se protègent contre elle en s'entourant le cou d'un mouchoir.

Les Allemands ont adopté un système ingénieux et pratique (fig. 12); sous le col de la capote se trouve dissimulé un petit capuchon léger en coton qui a surtout pour but quand le soldat s'en recouvre la tête, d'appliquer le collet du manteau sur la nuque et d'empêcher l'infiltration de l'eau dans le cou. En même temps, malgré sa légèreté, le capuchon protège la tête et les oreilles contre les rigueurs de la température sans que la perception de l'ouïe en soit diminuée; enfin, grâce à son peu d'épaisseur, il ne gêne pas l'introduction du casque sur la tête.

Quand on pense aux services rendus par le bachelik dans l'armée bulgare, pendant la campagne récente, on comprend mieux encore l'utilité de ce capuchon.

Etui-musette. — Au bout de peu de temps d'usage, notre étui-musette ressemble à une besace fatiguée, une besace de pauvre diable qui va quêter des morceaux de pain; il est vite troué ou déchiré faute de solidité et de résistance dans son tissu; sa bretelle faite de sangle trop mince se change rapidement en ficelle qui coupe l'épaule. Cependant l'étui-musette est appelé à rendre de nombreux services en campagne; le soldat s'en sert déjà tellement aux grandes manœuvres ou dans ses déplacements; il l'ouvre et le ferme vingt fois par jour; en dehors de ses vivres, il y entre les objets les plus variés; c'est son garde-manger, son armoire à linge et son fourre-tout; ce sera souvent sa poche à cartouches; c'est un second sac, plus à portée de la main, qui remplacera même en campagne son havresac s'il vient à disparaître. Pour tous ces motifs, il faut faire l'étui-musette plus solide et plus résistant et mieux protéger son contenu contre la pluie.

En Suisse (fig. 10), la patte de fermeture est en cuir et recouvre complètement l'étui-musette; dans d'autres armées, on a adopté les mêmes dispositions mais avec une patelette en toile. Celle de notre étui-musette (fig. 9) s'arrête à la moitié de l'étui; il vaudrait mieux qu'elle le couvrît tout entier formant ainsi par devant une double enveloppe protectrice.

Petit détail, dira-t-on? Non, l'étui-musette est, parmi les objets que comporte la tenue de campagne, l'un des plus utiles. Faisons-le solide.

Trop de courroies. — Notre fantassin (fig. 11) a la poitrine et le dos sillonnés de courroies qui le compriment et l'emprisonnent; le fantassin allemand (fig. 12) ne souffre pas des mêmes inconvénients parce que, chez lui, le petit bidon et la musette, placés l'un sur l'autre, sont attachés au ceinturon. Cette disposition a l'avantage de dégager la poitrine, de rendre l'étui-musette et le petit bidon indépendants, de permettre d'enlever l'un ou l'autre à volonté, même quand on a le sac au dos, ce qu'il nous est impossible de faire, de donner au soldat le moyen de s'équiper ou de se déséquiper plus rapidement puisqu'en enlevant ou en remettant son ceinturon, il enlève et il remet à la fois l'étui-musette et le petit bidon.

Dans le cas où nous adopterions cette disposition en usage non seulement en Allemagne, mais en Belgique, en Danemark, en Espagne, en Suède, en Suisse, en Autriche, je proposerais de munir l'étui-musette de deux anneaux; une banderole mobile terminée par deux porte-mousquetons se fixerait à ces anneaux, et permettrait de suspendre l'étui-musette à l'épaule quand on voudrait s'en servir sans mettre le ceinturon. Ce procédé est employé en Suède.

Visibilité. — La nature a donné à un grand nombre d'animaux une fourrure ou un plumage assortis au milieu dans lequel ils vivent pour les rendre moins visibles peut-être et les protéger contre les coups de fusil du chasseur; il nous faut imiter la nature et donner à nos soldats un vêtement dont la couleur se rapprochera de celle de son terrain de combat afin de le dissimuler le plus possible aux vues et aux coups de son adversaire. Cette idée s'est imposée plus impérieusement avec le perfectionnement de l'armement. Diminuer la visibilité des troupes a été, depuis les guerres du Transvaal et de Mandchourie particulièrement, le principal souci des nations; de ces guerres, en effet, on avait tiré les enseignements très nets dont voici le résumé :

1° La teinte à donner aux uniformes doit être telle qu'elle se fonde le mieux et le plus souvent avec l'aspect général du terrain sur lequel la troupe pourra être appelée à combattre;

2° Le contraste des couleurs entre l'habillement et l'équipement ou entre les différentes parties de l'habillement est à éviter;

3° Les accessoires brillants de la tenue et, d'une manière générale, tout ce qui peut projeter des éclats lumineux est à proscrire;

4° Il faut donner aux officiers une tenue identique à celle de la troupe.

Examinons rapidement ce qui a été fait à l'étranger et en France à ces différents points de vue.

1° *Teinte des uniformes.* — Les Anglais au Transvaal, les Japonais en Mandchourie ont adopté la couleur khaki; les Allemands, après avoir essayé plusieurs nuances, gris-foncé, bleu-foncé, vert-foncé, après 5 ou 6 années d'études, ont définitivement choisi, en 1909, la nuance grise pour l'infanterie et le gris-vert pour les chasseurs à pied et les mitrailleurs. La même année les Russes ont remplacé la tunique par une blouse de campagne en drap de forme russe et de couleur gris-vert. En 1912, l'Italie et la Hollande ont pris pour leurs uniformes la même couleur gris-vert.

De notre côté nous avons fait de nombreux essais, le premier date de 1903 (il y a dix ans déjà); cette année-là, on expérimenta au 28e régiment d'infanterie une tenue gris fer bleuté; en 1905, nouvelle expérience au 72e et au 43e d'une tenue de drap beige bleuté qui ne réussit pas parce qu'elle rappelait celle des malades dans les hôpitaux. Dernièrement enfin, on a mis à l'essai le gris vert réséda, qui ne paraît pas avoir eu plus de succès.

Il nous faudrait à la fois une tenue de campagne peu voyante et qui se distinguât assez nettement de celle adoptée par les autres nations, afin d'éviter les méprises; la couleur gris bleu semble remplir ces conditions.

2° *Contraste des couleurs dans l'habillement.* — Le képi rouge très visible par lui-même, tel un coquelicot dans un champ de blé, apparaît mieux encore du fait de son contraste avec la capote; fort heureusement, il paraît condamné et en attendant sa disparition il sera éteint par une coiffe en toile bleu foncé. Reste le pantalon rouge, qui doit disparaître aussi. Je me souviens très nettement qu'après la guerre hispano-américaine, les Espagnols, la seule infanterie qui portât avec la nôtre un pantalon rouge, ont réclamé énergiquement la suppression de cet effet qui constituait, disaient-ils, un réel danger en raison de sa visibilité. Cela est une leçon de la guerre dont il faut tirer profit; elle est plus impérieuse que toutes les argumentations du monde.

3° *Suppression des accessoires brillants.* — J'insisterai encore une fois sur le danger auquel nous expose toute cette ferblanterie, composée des ustensiles collectifs et de la gamelle individuelle, que nous persistons à porter sur le havresac; voilà la première suppression à faire et à faire de suite, sans se préoccuper du matériel existant, qui durera encore un siècle au moins, et qu'on usera en temps ordinaire dans le service de tous les jours. Les ustensiles collectifs en tôle sont solides et permettent de faire la cuisine dans de bonnes conditions, c'est entendu, mais ce ne sont pas des ustensiles de campagne; qu'on les expulse de notre tenue de guerre.

En Allemagne et dans d'autres pays, on a été jusqu'à supprimer les boutons de métal. Nous n'en sommes pas là, et pourtant!

4° *Tenue identique des officiers et des soldats.* — Le bon sens indique que la tenue des officiers doit se rapprocher le plus possible de celle du soldat. Il est question de donner chez nous aux officiers un manteau qui rappellera, par sa couleur et par sa forme, la capote du soldat; excellente mesure, encore faut-il que l'on s'y tienne quand elle sera adoptée; la bourse de l'officier est trop souvent éprouvée par les changements fréquents qu'on lui impose dans sa tenue.

Il serait bon que les officiers eussent, eux aussi, la préoccupation de ne pas employer des effets brillants et disparates. Les courroies vernies, celles de l'étui de revolver particulièrement, projettent des éclats à de grandes distances. D'autre part, certains préfèrent le cuir fauve et portent sur eux avec un étui de revolver noir, un étui de jumelle ou un porte-cartes jaune, d'où contraste de couleur et augmentation de la visibilité.

Les porte-cartes, qui ont une face en mica sans rabat en cuir pour la recouvrir, constituent un réflecteur puissant, qui décèle de très loin la présence des officiers, je l'ai souvent constaté. En marche, le porte-cartes se balance, suspendu aux côtés de l'officier et renvoie à des kilomètres les rayons lumineux qui se réfléchissent dedans. Il m'est arrivé, au moyen des reflets produits par des porte-cartes, de distinguer au loin une colonne en marche, que je n'eusse certainement pas aperçue sans cela. Ce détail a donc son importance. Il faut exiger que les porte-cartes avec transparent en mica soient recouverts; autrement vous portez sur vous un miroir.

Telles sont les mesures qu'il y aurait lieu de prendre d'urgence, à mon avis, pour améliorer notre tenue de campagne, qui est incomplète et défectueuse; cette conviction est en moi si profonde et si ardente, que je n'ai pas pu ne pas écrire ce que je viens d'écrire, et qui n'est que la répétition de ce que j'ai écrit il y a dix ans. Ma conscience m'y a contraint; la voilà calmée; si mon effort, joint à d'autres efforts, pouvait hâter la solution d'une question capitale pour notre infanterie, elle serait doublement satisfaite.

Nous sommes remplis de bonnes intentions, nous expérimentons depuis vingt-cinq ans, mais nous n'aboutissons pas : nous voulons trop bien faire, et nous ne faisons rien. L'opinion s'en émeut[1]. Il faut en finir. Au mois d'août dernier, toute une série de réformes importantes et très judicieuses ont été adoptées en principe, dont les journaux nous ont apporté les grandes lignes. Nous les avons lues avec joie et nous en attendons l'exécution avec la plus grande impatience. Il y a, en effet, un intérêt majeur à faire vite et grand. Si les améliorations promises se réalisaient par la voie ordinaire de l'infiltration lente, au compte-gouttes, leur effet bienfaisant ne se ferait pas sentir avant cinquante ans; ce serait trop tard. Il n'y a pas de sacrifices que le pays et le parlement ne consentent à faire dans l'intérêt de la défense nationale, si on leur en démontre la nécessité.

---

[1] « Criminelle impuissance! L'expression est rude. Elle n'a pourtant pas encore la rudesse qu'il faudrait pour caractériser comme il convient l'incapacité de notre administration à doter l'armée d'une tenue répondant aux exigences de la guerre moderne.... »
H., *France militaire* du 16 juillet 1912.

Marc Imhaus et René Chapelot, imprimeurs, Nancy et Paris.

A LA MÊME LIBRAIRIE

L'infanterie à la guerre. *Exercices pour l'étude des règlements*, par le capitaine BALÉDENT. 1911, in-8 avec 3 cartes hors texte . . . . 5 fr.

La section en campagne. *Manuel de guerre à l'usage des cadres de la compagnie*, par le capitaine breveté DE BELLEGARDE. 1912, volume in-12, ... relié toile 2 fr. 50

Étude sur l'article 249 du règlement sur les manœuvres de l'infanterie du 3 décembre 1904. — Les agents de liaison, par le lieutenant-colonel DE CISSEY, du 16e d'infanterie ; les lieutenants FOUQUET et GARDE, du 9e bataillon de chasseurs. 1911, broch. in-8 avec une carte en couleurs et des croquis.   1 fr. 50

Infanterie. — Méthodes de commandement, d'éducation et d'instruction, par le général H. BONNAL. 2e édition. 1900, in-8 avec carte et croquis.. 6 fr.

Quelques idées sur l'instruction d'un régiment d'infanterie (Mise au point des cadres et des unités. Tactique élémentaire de sûreté et de combat. — Liaison des armes), par le lieutenant-colonel DE FONCLARE, du 45e d'infanterie. 1909, 1 vol. in-8 . . . . 3 fr. 50

Éducation et instruction de la troupe et des cadres dans l'infanterie, par le commandant DE BLONDEAU. 1910, broch. in-8. . . . . 2 fr. 50

De l'instruction des cadres dans l'infanterie, par le lieutenant BALÉDENT, du 104e régiment d'infanterie. 1907, in-8. . . . . 1 fr. 50

Du formalisme au « débrouillez-vous ». — *Étude sur les procédés de maniement du groupe*, par le lieutenant JARAY, du 130e régiment d'infanterie. 1910, broch. in-8. . . . . 1 fr. 25

Un règlement moderne — Essai sur le règlement de manœuvres de l'infanterie du 3 décembre 1904, par le commandant Edmond FERRY. 1905, in-12. 1 fr. 50

Le règlement d'infanterie (Combat) expliqué par l'histoire, par le commandant BIZE, de l'état-major du 17e corps d'armée, avec une préface de M. le Général BONNAL. 1909, 1 vol. in-8 avec 7 cartes en couleurs et 1 carte en noir. . . . . 5 fr.

Une étude de l'état-major général allemand sur le nouveau règlement d'exercices de l'infanterie française et l'instruction de cette arme en France, par le général GRISOT. 1906, in-8. . . . . 1 fr.

Peine perdue et temps gâché. *Notes à propos de l'instruction des cadres*, par le capitaine C. COGNET. 1912, in-8 . . . . 2 fr. 50

Éducation de l'Infanterie, par le capitaine breveté BILLARD. 1913, vol. in-8 avec 4 croquis hors texte et nombreuses figures dans le texte . . . . . 6 fr.

www.ingramcontent.com/pod-product-compliance
Lightning Source LLC
LaVergne TN
LVHW022030080426
835513LV00009B/962